L'Hexagone bénéficie du soutien du ministère du Patrimoine du Canada et de la Société de développement des entreprises culturelles du Québec pour son programme d'édition.

Nous remercions le Conseil des Arts du Canada de l'aide accordée à notre programme de publication.

Collection Poésie
dirigée par André Brochu

DU MÊME AUTEUR

POÉSIE

La Septième Chute, poésie 1982-1989, Moncton, Éditions d'Acadie, 1990. Prix France-Acadie.

Le Cycle de Prague, Moncton, Éditions d'Acadie, 1992. Prix Émile-Nelligan.

Le Passage des glaces, Trois-Rivières et Moncton, Écrits des Forges et Perce-Neige, 1992.

Nous, l'étranger, Trois-Rivières et Echternach (Luxembourg), Écrits des Forges et Phi, 1995. Grand Prix du Festival international de poésie.

Le Quatuor de l'errance suivi de *La Traversée du désert,* Montréal, l'Hexagone, 1995. Grand Prix du Festival international de poésie. Prix du Gouverneur général du Canada.

Nocturnes, Trois-Rivières, Écrits des Forges, 1997.

ESSAI

L'Appel des mots. Lecture de Saint-Denys-Garneau, Montréal, l'Hexagone, 1993. Prix Edgar-Lespérance.

L'auteur désire exprimer sa reconnaissance au Conseil des Arts et des Lettres du Québec pour son encouragement et son soutien.

SERGE PATRICE THIBODEAU

Dans la Cité

suivi de

Pacífica

Poésie

l'HEXAGONE

Éditions de l'HEXAGONE
Une division du groupe Ville-Marie Littérature
1010, rue de La Gauchetière Est
Montréal, Québec H2L 2N5
Tél.: (514) 523-1182
Téléc: (514) 282-7530

Maquette de la couverture: Nicole Morin

Données de catalogage avant publication (Canada)

Thibodeau, Serge Patrice, 1959-
Dans la Cité; suivi de, Pacífica
(Poésie)
ISBN 2-89006-591-X

I. Titre.   II. Titre: Pacífica.

PS8589.H443D36	1997	C841'.54	C97-940770-2
PS9589.H443D36	1997		
PQ3919.2.T44D36	1997		

DISTRIBUTEURS EXCLUSIFS:

• Pour le Québec, le Canada et les États-Unis:
LES MESSAGERIES ADP*
955, rue Amherst, Montréal, Québec H2L 3K4
Tél.: (514) 523-1182
Téléc.: (514) 939-0406
*Filiale de Sogides ltée

• Pour la Belgique et le Luxembourg:
PRESSES DE BELGIQUE S.A.
Boulevard de l'Europe, 117, B-1301 Wavre
Tél.: (010) 42-03-20
Téléc.: (010) 41-20-24

• Pour la Suisse:
TRANSAT S.A.
Route des Jeunes, 4 Ter, C.P. 125, 1211 Genève 26
Tél.: (41-22) 342-77-40
Téléc.: (41-22) 343-46-46

• Pour la France et les autres pays:
INTER FORUM
Immeuble PARYSEINE, 3, allée de la Seine, 94854 Ivry Cedex
Tél.: 01 49 59 11 89/91
Téléc.: 01 49 59 11 96
Commandes: Tél.: 02 38 32 71 00
Téléc.: 02 38 32 71 28

Dépôt légal: 3e trimestre 1997
Bibliothèque nationale du Québec
Bibliothèque nationale du Canada

DANS LA CITÉ

بِسْمِ ٱللّٰهِ ٱلرَّحْمَانِ ٱلرَّحِيمِ

La *siyāha,* c'est de parcourir la terre pour méditer
sur le spectacle des vestiges des siècles écoulés
et des nations passées.

IBN ʿARABĪ

Aqaba

Incrustée dans la pierre, une étoile blanche; la mer est passée par là. Les traces pétrifiées de la grâce, dans le sable, sous les villes, au seuil des chambres et courbées dans la noble pose de la nuit, sous les arches, tôt, venue frôler la fenêtre.

Les mains crevassées par l'attente et le don refroidi: quelle ébauche, quelle esquisse rendra son âme à l'aube? Quel éclair la lui offrira dans un geste serein d'abandon? Un baiser, quelque part dans une paume, un silence partagé, un regard, une voix d'amphore fracassée.

Mais lumière. Le profil des flancs, la hanche enflammée, le désir du sel, du silex, du feu dérobé, la mesure en débris, l'élan raffiné, l'étreinte! Oh! l'étreinte maintes fois répétée! La salive, l'effluve du mucus, le scintillement des cheveux, la lourdeur excessive des lèvres posées sur la chair.

Le troupeau traverse une route: mielleuse avancée du vêtement sur le corps, de la laine où s'égare sans trêve le nu, l'humilité dénudée de l'instase et le bois de cèdre, de pin, le bois d'olivier, noué, dénoué. Fulgurance de l'âpre! Et les mains, dépourvues de faiblesse.

Le torrent asséché, nous savons la menace de l'oued. Nous traînons pour mémoire le boulet des violences, les corps en charpie, aux saillies des gorges, des gouffres, des cataractes écorchées par les lames de l'eau, l'abrasion des os projetés sur le gypse.

Le corps sans texture et l'aveu minéral, puis, soudain, les contours des membres aspirés par le grès s'allument au faîte du chant, creusent les traces et subjuguent le récit du vent! La vie apprise de mémoire, la vie scandée par les embrasements mûris des ventres, par les frissons poreux de l'homme.

De l'homme opalescent. Maintenant que sans peine tout se soulève, que tout s'élève sans faute et lisse, et pâle, parce que les chairs se frôlent les unes aux autres. Mémoire de l'ambre suave, contours des chairs lisibles au soleil, mémoire des cuisses, des sentiers qui s'allongent.

Mémoire du jardin sollicitée par les roses. Ne mène nulle part une épine au talon, dans le geste d'aller, dans celui de partir, et jamais l'horizon ne manque de souffle. Frémit, l'échine alerte, l'éveil au passage de l'homme, la nuit à l'oreille murmurant dans la hâte le mot, nommant le lieu où se froisse l'étoffe.

Quand dans les sables cyniques le poids, sitôt disparu, des pas, quand sèchent les herbes et les ailes dans l'azur éployé. Vulnérable, à l'approche de la voix, reprendre l'écoute, enivré de musc, de santal, d'oliban, des émanations puissantes de l'effort quand le geste d'aimer ensommeille le nomade.

Prenant son erre dans le monde; ni connu, ni visité par la sécheresse de la quête, investi de tous les sens, insaisissable dans le siècle de l'usure et du friable. Le jeu des tessons éparpillés sous les figuiers; la mort, son visage crénelé, sa crécelle, son visage serti de crachats, de tisons.

D'orages. Aux mensonges éperdus des oracles. La face d'un fétiche assoupi par l'ennui. Corseté dans le suaire des ruptures, et maigre et criard dans la hâte pour que s'achèvent les échos dans le chaos des dispersions, des entrailles où se devinent mélancolies et peurs favorables.

Sans que germent les images. Sans la beauté des destructions, des failles larges, des orifices. Si peu de temps pour le souffle coupé, pour assouplir la peau des reins, pour immoler la semence au fond de la paume, contre la taille des murailles effritées. Les épaules de l'homme jettent un sort et l'oubli s'évanouit.

Aux crêtes de l'appui, en ces temps mémorables où passe le feu. Entre l'os et la chair entrent des îles volcaniques, fument aux versants du songe itératif. Et s'entrechoquent les querelles et l'insulte, sépultures accrochées aux murs du désordre et précipitées sur les hauteurs du prodige.

Par le fer et par le feu, la fureur accomplissant ses virulences fauves! Jadis, fertiles forêts sur la côte, et mutation du seuil et des cimes. Au désert, plus rien pour la sève, plus rien pour les lèvres voraces de l'homme. Que le chant des délices en suspens. Que le poème inachevé de Babylone. Que l'errance brusquée.

S'enchâsse le sceau, fut trouvé très tôt le matin, près de l'ortie, près du basalte. Ainsi visible scarabée, sans que le sens ne s'en échappe. Ni balises ni récifs ne cèdent aux dispersions, ni les ronces prises en travers de l'écriture apposée sur des stèles têtues.

Un insigne sur la peau, en contrebas de la ceinture fortifiée, avancer, prêt à humer l'inébranlable torse, prêt à goûter aux flammes, aux formes, aux frêles ferments de l'hysope, soumis à l'éventail des mains sur la nuque, à l'ultime finesse des gestes intimes. Ainsi reprendre la naissance, le rythme et le nom.

Le propos migrateur adouci par l'albâtre, par la vigne aux abords d'une lampe omeyyade, anoblie d'huiles et de lueurs attouchantes. Savoir, à la faveur du partage comme un dépôt de cendres, avant les cendres et par-delà, le livre à l'aine bouclé. Insinuée la trahison, le regard effondré.

Par les rues mal famées, la déroute conduit au baiser sur la joue mal rasée. La trahison de Judas, l'écart, l'angle des dérives s'éparpillent et s'élargissent. Plus rien n'importe, le ciel est bleu. L'adversité résout l'énigme, et devant se dressent les hommes émerveillés, nourris d'adresse, de génie, nourris de gel.

Et prennent place à l'avant des nefs, pénétrés de ferraille comme une forge où se bousculent amertume et mépris, doutes et tourments; sans autre vocation que l'attente, sans autre miroir que la surface du marbre, l'éruption du désir affolant, et refermant sur eux le cercle amant du souffle.

Dans le carré des mains. Dans le triangle du torse. Dans l'escarpement de l'angle aigu, des spires s'accouplant dans le râle de l'ordre lascif à jamais proclamé: assumer l'immensité des sables! Et ce mouvement, au lointain emprunté, éhanche les amours promptement descellées, hors d'haleine, étouffant sous la chaux.

La luxure. Le vent donne à la chair son chant salin; en fermente la source où se lève le soleil. Dans le lit turbulent, dans le cri, l'incendie. Dans le vivier du songe majeur. Dans le silence à contre-jour, sublimé de l'écho des unions, de l'union des échos quand la mémoire s'élève.

Et puis certainement, la pâte à pétrir. La dextérité des mains passées du père au fils. Le profil émouvant, éprouvant, du visage bédouin. Le port de la tête et l'envie d'effleurer la nuque, la chair pulpeuse du cou.

L'âcre odeur de l'eau saumâtre, puisée, dans l'air sème des faisceaux d'arabesques.

L'heure file, se brise, revient sur ses pas mordre les mains du plus vif des hommes fresques. Leurs lèvres ont un goût de sésame; au soleil busqués, dégagent un parfum de paille, un parfum d'ambre et d'agrume.

Leur haleine épelle ces mots: *papillon, cyprès, cardamome*. Et la lumière caresse l'albâtre, et la nuit étreint le basalte.

Ainsi le cycle reprend et les arches, royales hôtesses, invitent l'âme au repos, au recueillement, au désir de l'étoile filante, au baiser du Levant sous les ifs.

L'image hantise, le son du gravier sur le cercueil mis en terre. Un rêve: mon grand-père à genoux, aperçu dans les rues dévastées de Beyrouth.

Et pourtant sans aucune exigence autre que celle, au vent, de l'offrande: tête nue, sexe nu, dans la plénitude de l'âme soumise au Silence.

Au silence nu des pierres s'embrassant, s'entrecroisant, mains liées entre elles par une foi commune, taillées en bloc, apposées contre l'air et boudant l'austère coup d'œil des nues. Ne servent à rien, confondent le feu des grands Textes sacrés.

Ô Révélation! Enluminée, paginée, reliée; effleurée des doigts et des lèvres safranées, pour oublier sur la langue le goût, l'insistance de la coloquinte obstinée. Le goût du soufre et des météorites. Parole disloquée de l'Appelant, assouvissement mosaïqué du désir.

La nuit, le front posé sur le sol du Livre.

La face fermée de la lune fait dire à l'étoile que les fleuves témoignent de la rage, du combat, du déluge, du fouet sur les flancs malmenant l'écriture. Mais la parole évacue les sursauts, la douleur et la mort dans l'estuaire du mirhāb et dans le vent.

Prolonge l'accueil au cœur des fratries. Le ravissement émaillé des tuiles bleues, plus beau que laurier-rose au désert, à Pétra, ce que son visage peut atteindre. Si haut, si élevé, si incarné. Touchant la terre de chaque pore comme un serpent, goûtant la terre, *étant* la terre caressée dans la paume du potier, du modeleur, absolument impérissable et sans autre mesure que l'émoi.

À l'Orient, le foisonnement des regards, les enlacements infaillibles dans la beauté de la Lumière sur les pentes rocheuses, entre les cèdres, entre les pins et sous les voûtes, et sous le dôme qui surplombe l'octogone! La chair! Ô rupture! Surgit l'Appel à fléchir dans le chevauchement des lumières! La chair s'abandonne sans faute, et sans regret.

Splendeur de M'shatta! Qu'on éteigne la lampe, le bonheur est permis! Léger, alité, avisé, une tessère dans la main pour assister au drame, à l'églogue, au passage de la nuit venus corrompre les sentiers irréparables du reg. Les rares pluies interceptées des lunaisons très graveleuses s'étalent, alimentent les ébats charnus du fer. Et veillent les lames sous les braises protégées, les invincibles sabres de l'alphabet, le poignard de l'esprit vêtu d'argile et mimant l'ascèse des entailles creuses en déclamant l'exact sifflement de la fronde lourde.

pour y louer la Lumière,

pour y loger sereinement mon amour de la
Vie, de la Beauté, de la Mort,

                              de la Vie.

— *Écris! Sans cesse! Pars! Le cycle des saisons
t'appelle et te montre la Voie.*

Silence mûr de mon âge.

Oh! Partir au désert y entendre Sa Voix.

Beyrouth, du 26 juillet au 3 août 1994;
Montréal, avril 1996.

Damas

Tu es à jamais voyageur,
de même que tu ne peux t'établir nulle part.

IBN 'ARABĪ

Se consument les bilans. L'ardeur a vaincu les nombres. Les lettres ont mené les bêtes à la vie, aux pâturages féconds des mémoires où module toute immensité, ont mené l'homme à tout prestige éclaté du haut du minaret sans équivoque.

Ténacité fragmentaire de la foi.

C'est écrit dans le sable.

مكْتوب !

Amman, Jordanie, du 17 au 24 juin 1994.

Pétra

*Chant de louange
rythmé par la marche.*

(الحَمْد)

À ma complice et amie Adele Tempest, archéologue.

Mélancoliquement, l'étranger s'avance en tous lieux, en tout temps, sans jamais poser son regard que sur les pierres, que sur les branches, que sur les joncs. À désirer le sol fictif des terres sèches, des gorges assoiffées, de l'attente en jachère. À désirer celui qui cherche à comprendre l'inexorable mouvement l'éreintant le jour et le hantant la nuit.

L'étreinte.

Continuellement, du crépuscule.

La lumière, la beauté de la lumière que réfléchit la pierre sur le visage des hommes.

الفريدة   Ô Pétra!

Pétra l'unique. Dans la distance. Autour du feu. L'eau précieuse recueillie par les canaux, d'une citerne à l'autre, ralentie par des marches d'escaliers suspendus à fleur de roc.

De quel génie, de quelle invention témoignent les sables, la texture iridescente des sables? Monceaux éparpillés indiquant la piste où se perdre: le lieu nommé, délibérément,

الخطبة   confusion.

Le lieu du retour vendu à l'oubli par le traître du savoir. Oh! le puits fermé! Les nombreux chameaux dessinés dans la suie contre les parois viscérales des tombeaux.

Vendeurs d'hommes.   عبد الله

Fascinante est la soumission du plus exact, du plus cinglant, du plus superbe râle le long de la route de l'Encens.

Sur les mains. Fermes les mains. Charnues les mains.

Caresses d'oliban, caresses de santal. Parfumées de musc, massives les mains, si près du corps écloses.

Disséminés les poussières, les eaux, les oueds lumineux de l'ample carrure, au détour du profil, et ce n'est louange de l'homme,

الحَمْد لله !

mais seul Amour, seule Source.

Jaillissement du feu,

du feu de l'homme.

Oh! la chair de la pierre

incite à la parole.

Et je nomme, à Pétra,

الشَّمْس

le soleil,

musique née des échos de la marche et sons bulbeux des clochettes au cou des chèvres s'ébruitant, célébrant la rumeur des criquets. Les bergers s'échangent la paix

الدِّين

de la foi;

le jardin des certitudes mûries, si profondément érosif, j'arrive à bien le lire: l'évadé se faufile,

العَبْد

serviteur,

montant les marches de grès, défiant l'haleine du khamsin, incrustant ses racines au sommet des pulvérulences cycliques. Désolante obscurité mais présence

الفريد

de l'Unique,

présence merveilleuse du fossile dans le quartz, dans la craie, dans l'argile.

Incisées les silices, l'incessante poursuite. Oh!
la chair. Et je nomme les pierres, l'espace dis-
solu de ma mémoire incendiée, les cendres
des éclats de voix et vous, vous, paroles, que
me dites-vous? Le vent proclame de là-haut
l'essence de l'Unique.

— *Est-ce ici que naissent les anges aux reins fébri-*
les, aux échines tendues dans la lumière portée par
les ailes taries du Chant?

Cherchant le détour, le décours de l'oued,
l'angle des poussières, le silence assidu et
ponctuel du matin.

Les lézards bleus du Sinaï fuyant à l'approche
muette d'une ombre quand se meut le soleil
au son d'une flûte.

— *Certainement, l'ordre des choses change, se méta-*
morphose après avoir bu le thé parfumé d'origan, la
sève rouge et amère du cèdre.

L'Œuf. Dans la niche.

الحَمْد لله !

Instigateur des formes de la création, de
l'Union la plus totale, et la plus dépouillée,
avec la nuit à créer.

— Tu t'agenouilles et te prosternes. L'horizon te ceint les flancs; tu accumules, dans la nuit à créer, la dépossession éloquente des paumes. Si! le doute est bien tari. Le rythme est bien fixé, tu te libères des ruptures:

la soif

pierres de taille, épaules équarries,

la soif

Maison de Dieu   بَيْت الله

la soif

fondations du Temple, attributs de l'Autel, le roc,

la soif

hantise du pillage, enlèvement des cisailles du bout des lèvres,

le sel

au bout de la langue appuyée tendrement sur le glaive d'argent.

— Iras-tu jamais, délivré, procéder aux ablutions prescrites par les débris du feu, de l'arsin, offrir sous la tente le repas réservé à l'étranger?

le feu
la soif
du feu

— Aime cette langue. Éperdument. Au cœur de laquelle Être n'est pas.

Debout sous le soleil, ébloui, chancelant, assoiffé; la marche libère d'une chair en trop.

الحَمْدُ لله !

— Pétra t'enlace. Non. Tu n'iras pas à cheval dans le Sīq. Mais la poussière sous les pieds, mais le chant du Bédouin à scander les syllabes mémorables du burin.

le feu
la soif
du feu

— Tu te rafraîchiras des brûlures de la cardamome dans les veines, seul à Pétra, avec les Bédouins.

Oh! la mémoire certes.

— Jadis le sol sous tes pieds portait ton nom, mais depuis les nomades ont capturé ton âme,

الحَمْد لله !

ont séduit ton cœur,

الحَمْد لله !

et leur chant te demande: pourquoi ce vêtement de laine?

Tout s'érode et s'effrite. Le vêtement que je porte n'est pas. Ce sont de larges failles sur ma poitrine.

Tout est si vaste! Je m'assigne l'immensité: la *Khasneh* mise à sac; l'allée d'*al'Madras;* le Temple du Lion ailé; la fêlure du Sīq.

Maison de Dieu   بيْت الله

— Tu ne manges plus le sarrasin. Tu ne possèdes plus rien, et la rougeur du pays ne te possède pas.

Je me repose sur les sables, sous les étoiles, à l'ombre d'un bétyle aperçu depuis l'aridité de l'œil.

soif

De la lumière.

La lumière est si lente près de la tente noire.

soif

De la lumière.

— *L'ocre et le rose, le sable violet te dévoilent Sa Voix. Tu as soif d'une voix de basalte, d'une voix de craie, tu as soif du ravin d'une voix fulgurante.*

— *Soif de ta propre soif. Ta propre voix assoiffée de feu, des fréquences fauves de l'éclair, du zénith.*

Ma propre voix fouillant le sol enflé du désert; ma voix pétrifiée devant la splendeur invisible des formes affaissées du Silence; la pierre éraflée de ma voix à l'abri de l'effondrement.

— *Ta propre voix, soumise au Chant passionné te transperçant amoureusement, absolument convaincue de la nécessité du désir, de la pureté immense, paisible en toi, de la foi.*

الحَمْدُ لله !

Ô Pétra! douceur, infâme douceur de la solitude. *Prends-moi.*

— Pétra attise en ton cœur le désir de l'Unique pour que jamais ne s'éteignent les pierres ni le grès qu'enserrent les ronces, parfaitement seules, subtilement éprises de leur immobilité, absorbant la pâleur des étoiles et le jeu des miroirs sous la lune marbrée.

— Fraîcheur de ta soif. Penche-toi et retourne les tessons sur le sol du Lieu.

Oh! rayonner du même silence que j'appelle, que je nomme

nous

écrivant le voyage de l'âme au soleil

nous

cambrés pour l'ultime rivage du tombeau

nous

près de la porte, encadrés des reflets osseux du mirage, immuables, nus sous la langue de feu, abruptement seuls.

Je suis seul à mon tour, parfaitement seul. Et le soleil descend dans l'ouverture du Sīq. Je suis seul et le soleil descend dans les pores de ma chair.

الحَمْدُ لله !

Je m'avance doucement, assoiffé de crépus-
cule, alourdi, étincelant, fatigué de porter la
charge de tant de bonheur.

— *Et le poème vagabonde au seuil ineffaçable de la*
soif. Désir. Toute grâce est divine.

الحَمْدُ لله !

Je m'avance, j'avance toujours; je lis ce qu'un
cœur peut voir, je remonte le Sīq. Les enfants,
agités par le rire viennent à ma rencontre, sui-
vis par les femmes sans visage, aux yeux noirs,
vêtues de noir. À ma rencontre les hommes
langoureux, roulant des épaules et recouverts
d'une blancheur éclatante.

Je suis le dernier étranger à Pétra. La nuit
tombe paisiblement, et je continue ma route
sans fin, sans fin.

Les Bédouins, fraternels, me souhaitent la
Paix.

Pétra, 8 juillet 1994.

Beyrouth

À mon amie Josée Lambert,
photographe et témoin.

Ne me demandez surtout pas s'il reste en moi du courage; devant vous j'aurais peur de mentir. Devant vous j'aurais peur d'écrire mon inquiétude. Mais le silence est un bref désir et je me demande:

Mais le Liban? mais Beyrouth? Cassés. Rompus. Brisés. Martèlent. Morcellent. Fragmentent le poème. Beyrouth. Ses mains me prennent à la gorge et serrent leur prise. Et j'ai si peu de temps pour résister.

Règnent les immondices où prirent forme les massacres, où chacun est l'étranger de l'autre, dans la Beauté et dans la Mort, sans que se fane l'étoile du matin.

Le soir défilent nos souillures le long du littoral plongé dans les ténèbres. Les seuils impurs de nos malaises, immergés dans la nuit en panne d'éclats.

Veilleront pour jamais les stigmates cruels laissés derrière nous place des Martyrs. Nos éclats de voix. Nos chairs infestées d'ombres.

Beyrouth. Ville ronceuse déchirant la vague à son sommet, où s'ébruite le raz-de-marée sous la braise.

Et dans l'air le parfum du sucre et celui du silex, et celui du feu striant les corps aveuglément. S'agitent en nous les lambeaux de chair, dans le feu de ceux qui tombèrent en criant:

— *Grâce!*

Oh! la terre! obstinément implacable! hurlant son ascèse sous nos pieds quand s'exclament la honte et la faim.

Les lambeaux se prosternent la nuit, nous effleurent le front de leurs lèvres chétives.

Mais qu'en savons-nous, nous les sourds obstinément impitoyables?

Revêches infortunes de la pierre taillée des temples clos, des arcs, des arcades, des seuils résignés, morcellement des pièces intimes où s'accouplent les cafards, les guêpes et les rats.

Suspendus au-dessus de nos têtes les baldaquins fiévreux, tendus de peaux de bêtes écorchées vives, imbibées de vinaigre, imposant le silence.

— *Non, les miroirs de l'homme n'existent plus.*

Le naphte et le bitume, et même le soufre, apposés sur les plaies bétonneuses des flancs, les mains trempées de sumac, l'accent de l'écharde sur la langue.

— *La désertion n'est pas permise; le lieu du mensonge incorruptible, des prises d'otages, des fusillades et de l'impunité.*

J'y reviendrai dans tous mes songes, dans tous mes états, les nuits de tranchante tristesse quand, sous le coton, les mains s'épuisent de chercher l'épine du sommeil. Les témoignages ont scellé nos chairs qu'a brûlées le soleil, auparavant, devant l'arrivée de l'orage, et nous prenons parole debout, nous commettant entièrement, compromis à l'avance, *avant notre mort*, à tendre haut le dépeçage de l'espoir. Celui des innocents décimés par la furie du sabre et de l'éperon.

Et nous, les soumis, les apôtres de l'errance, nous, *les justes,* à tous les carrefours étrangers les uns aux autres, vastes à nous mouvoir au creux des vallées, fiers et certains d'avoir vu le soleil.

Mais reste-t-il en notre gorge des paroles que vous auriez placées là, vous, les épeleurs du désordre et du méfait?

Foyer du bouc émissaire, vous connaissez le ressac de la fonte et l'homme qui respire comme un guêpier lubrique, éventant son oubli et ses fausses croyances.

Et toujours la saveur des sels inédits, la genèse raffinée de la beauté du roc.

Me faudra-t-il pour cause de nausée renoncer au déchiffrement de l'uniforme, des textures minérales et des tensions longeant sous la chair le bronze du cou, les nervures du marbre?

Funeste.

Sans cesse acculé aux destructions massives, sans jamais en retirer le plus petit éclair frileux.

— *Au front la balafre t'attend.*

Me faudra-t-il nommer les lieux: *Hula, Qāna, Khiam, Aïtaroun, Nabatyeh, Sour, Saïda,* ainsi leur assurer la vie, la mémoire défenestrée à tout hasard du haut d'une falaise?

Oh! pour la beauté terrible et faste des prétextes, je réclame le fouet, les menottes et la faux, tout ce qui peut lier l'homme à sa peur.

Funeste.

Sans cesse adossé aux canons mitrailleurs, sans jamais en apprendre davantage des hommes.

Pour combien de temps encore *témoigner*, témoigner encore de la bêtise indésirable, de la bête convoitise, de l'homme crapule et de l'homme ignoble?

Mais les fauves survivent au chaos, aux déchirements, aux carnages soudains des villes, aux martèlements répétés de leurs discours ferreux et bouillants de fièvres fatales; et les fauves feulent une paix cynique, une paix forgée dans la fausseté et le mensonge.

Me faudra-t-il, soir et matin, revenir sur mes pas jusqu'au jour de ma mort, me demandant ce que je fais là, parmi vous, à châtier du haut de mon frêle désir l'élan de la faucheuse et celui de l'injustice à fragmentation?

Funeste.

Sans cesse dégoûté de tant de délire, et pourtant sans jamais parvenir à la plus exacte déroute. Pour quelle dérive encore ces fourvoiements et ces plaintes susurrées à l'oreille de l'aube? Je reviendrai, défait, mendier la pâleur des signes.

Mon nom a changé.

Et maintenant mon regard s'envenime. Je vous
ai tant cherchés, hommes de sagesse, hommes
d'intelligence et d'amour, et mon bilan est
désastreux. Parmi vous je chasse les loups;
parmi vous je m'égare insolemment dans
Beyrouth que la mer a trahie, dans Beyrouth
que l'horreur embellit de la rude beauté des
héros, morts à l'abattoir espiègle des mythes.

La nuit est venue et j'ai grand-peur que la
haine m'étouffe. Que la haine de l'homme
m'étouffe. À mon passage l'hibiscus défleurit;
et s'envole un livre aux pages écornées.

La musique a cessé.

La musique a cessé. Je descends la Ligne verte
jusqu'au rond-point; au soleil m'attend Cha-
tila. Je descendrai jusqu'au centre du feu, s'il
le faut, pour en ramener quelques vivants et
quelques larmes. Je reviendrai et je vous dirai
tout haut que la haine de l'homme m'étouffe
et que dans mon âme, au soleil, la musique a
cessé.

Au Grand Hôtel de Sofar, les tristes valseurs
décrépits ont quitté la piste; on ne danse plus
à Baalbek ni dans la montagne depuis qu'on
s'y cache.

46

On a fondu le bronze des statues; on l'a vendu au plus offrant. Et la souffrance rôde toujours dans les ruelles lépreuses de Shi'yah, et dans les geôles de Khiam occupé.

La musique a cessé.

J'ai soudainement envie d'une éclipse aride, d'une incision violemment incendiaire, d'une langue abusant de voyelles d'attaque, du soleil qui me brûle le visage et le cou.

— *Fissures et fracas des crépuscules aux sources pillées, Beyrouth s'éparpille dans un songe où se heurtent les conquêtes.*

Nous connaissons les cercles concentriques de la tuerie à l'heure laiteuse de notre naissance, dans l'insidieuse odeur de la paille sèche où se cachent serpents et scolopendres hideux. Nous connaissons les venins acerbes des fétiches prodigues jusqu'aux taudis banals des sacrifices, grésillant de grossièreté en marge des villes flétries.

Pour cela, oui, nous sommes fidèles dans l'iniquité et la bavure, engraissés de rancunes et de griefs, et les griffes plongées creux dans la chair du prochain, la rançon entre les dents.

Si, j'ai envie de la plus lacérante brûlure. D'une pierre usée, aussi usée que mon cœur de basalte. J'ai envie de Beyrouth, de sa mémoire et de ses lèvres salées; d'une étreinte passagère quand surgit la gerbe des réflexes dictés par la survie de l'homme, la geste des instincts probables et sacrés. Oh! les tourments du vide! il m'est interdit de vous refuser droit de cité, mes doutes, mes inquiétudes, mes douleurs apprises au prix coûtant.

Je perds tout espoir et ma vue est brouillée. Que m'importe dans la nuit ma trouble cécité? Je connais les routes muettes et la faim qui encercle le cœur de l'étranger. Et je connais ce que l'autre a vécu sous la torture, sa peur, son humiliation et sa colère et son impuissance maladives le long des littoraux déchiquetés, le long des plages bosselées bordant l'abîme invitant.

Jamais assouvi le regard, et jamais fermé l'accueil, même si au soleil de l'été dans le vent du mois d'août la musique a cessé et que veille,

funeste

sans cesse tachée de mépris, sans jamais se soustraire à l'énigme,

la plus stridente des villes!

Beyrouth!

la plus aciéreuse écorchure au plus vif du malaise!

Beyrouth!

la plus sérieuse douleur de l'Orient prophétique!

— *Oh l'Appel! tu entends l'Appel et l'espoir te revient!*

Mais qu'en savons-nous, nous, les sourds impitoyablement obstinés?

Écoutez, j'ai l'accent de la traîtrise et des miroirs brisés:

> *Ma foi, mon nom ont changé.*

Me faudra-t-il pour autant renoncer au cortège des mots, des étoiles équivoques des mots?

Rue Hamra, les rideaux de fer descendent pour la nuit. J'imagine le repas des réfugiés du Liban occupé, déshérités, campant dans les décombres. J'imagine l'ampleur du jeûne et le refus de la mendicité. J'imagine la noblesse du courage, et votre joie d'avoir trouvé de l'eau.

J'imagine vos visages à la lueur de la bougie, oh! mes frères, mes sœurs de Qāna, de Nabatyeh, de Sabra, de Chatila et de partout ailleurs en ce Liban écorché.

Ma faim ce soir est bien vaine; je mangerai demain et je vous oublierai, comme un traître, jusqu'à ce que l'Appel revienne. Oh! tout s'efface en mon esprit.

Je ne peux plus faire semblant.

Ma ville est loin, loin de Beyrouth. Montréal est loin; j'y ramène mes mains vides, les mains vides de l'étranger, et mon cœur trouble, et mon âme transformée au loin, loin de Khiam et de Beyrouth.

Mon désir n'est plus le même, ni l'homme que j'habite et qui porte son nom, malhabile et si peu sûr de la durée du voyage.

Mon errance m'appelle par mon nom. Je reviendrai

إنْشَاءْ الله!

aux sables du désert un jour d'hiver

pour y désaltérer mon âme et mon cœur asséchés,

Rendez-moi la déroute et la fuite, et le réveil de la braise et l'augure à l'aube morcelée, l'eau sur les mains. La fièvre au visage, m'apprête à partir, et le rêve du feu, le rêve des fauves empreint d'oliban me hante, et la prière est païenne quand, voilà, le doute sur le seuil s'installe, s'ancre, sombre.

Le sable est au rendez-vous et l'ombre lui résiste, issue de l'affliction terrible du gel. Que la lumière soit une lumière sur nos blessures d'amour et de guerre, sur nos blessures d'enfants écartelés entre la cave et le grenier. Le jour se fait en mon esprit, entre la porte et la fenêtre. Je m'évade avec le vent, le foyer a pris feu, je suis libre.

Je vois d'ici les pentes du jebel Qasiyūn, le paisible jardin de Shalihiyya; *Sélim entre dans ash'Sham.* Je fais partie d'une suite, oh! la certitude! les portes de la ville sont toutes fleuries et flottent les étendards sous le croissant de lune. Je fais le tour de ma mémoire: d'avance libre et éclairé, l'esprit avide me guide, me libère de ceux qui m'ont pris en otage. Et ceux-là ne me sont pas étrangers: ceux-là sont les miens qui me jugent, me retiennent et s'opposent à la poésie du cercle haut, à mon bonheur venu là, ponctuellement.

J'ai embrassé l'Orient à m'en fendre l'âme, seul, et j'absorbe le rêve laqué, et je bois l'eau de Damas, jusqu'à la lie. Je m'y attacherai ainsi jusqu'à la mort comme le veut la légende, oh! le goût des figues et le goût des pistaches, le goût du miel sur ses lèvres!

Tombe l'obscurité sur les trottoirs cassés; le froid se fait plus vif et plus stridents les bruits. J'implore le vent de me fouiller le corps, monté à l'hôtel écraser les blattes sur les murs. J'implore la nuit de venir m'assommer, dans la chambre à l'ampoule jaunâtre; et défait, le lit au milieu de la pièce. Mes pieds sont glacés.

Cette fois, je ne me suis pas retourné; dans mon dos, l'insomnie fait un malheur, un ravage, un cataclysme. L'encrier renversé sous mes yeux, une nuit de pleine lune, l'air allumé des tièdes étoiles. Contre ma face, adossés les cris de la rue; un nuage s'obstine et m'abîme le crâne.

Il pleut de la pluie noire, de la pluie blanche, il pleut de la pénombre entre les branches d'un pin.

Rue Barada se balancent les pins parasols, et la rivière, oh! ses rives ont disparu!

Sous la ville parfois s'évanouit l'eau boueuse de la rivière Barada, une rivière ensevelie sous la ville. Étoile au ciel et dorée, pleine est la lune au ciel et seul, je suis seul, enfin seul à Damas.

— *Oh! berce l'étranger qui tend la main pour s'emparer du verre de thé, sous la fumée opaque, de l'autre côté de la pluie.*

Les narghilés ronronnent comme la brume dans le café bondé; les hommes fument abondamment et dans la rue, la voix du crépuscule: c'est Oum Kalçoum. Elle dit l'amour et la nuit, le vent, la rose blanche; elle dit le jasmin qui se flétrit.

Les façades s'écaillent; le plâtre pèle en crépitant. C'est fini, les étoffes damassées, les amphores à la rouge glaçure. Se fracassent les urnes contre l'air et la suie, contre l'oubli. Se déroulent des cylindres et se taisent les sceaux.

De grands manuscrits se sont éteints, il pleut.

Il neige même sur le Qasiyūn, il pleut sur Damas et dans les veines, la cardamome et le safran tachent le sang.

Cette nuit je rêverai, noir de basalte, aux rois de Mésopotamie, aux tyrans dont les yeux me prennent en filature, à me draper de bitume. C'est fini la nacre et le lapis-lazuli. Ce n'est pas terminé, la tyrannie, mon rêve se répand dans la Ghouta et mes mains sont de pierre sur la chair de Gilgamesh le Gaillard, sur Enkidū aux lèvres brûlantes, sont de pierre, et mon cœur est tranchant comme un silex.

À mon flanc se forme une fraîche brûlure: je suis coincé dans un café rue Port-Saïd.

Par la fenêtre, les passants gelés par le déluge; c'est le soir, c'est le froid, l'angoisse.

La pluie sans éclaircie, la fange et la boue, le ronron du narghilé dans ce café de style Moscou. En face, derrière la grille d'eau, une mosquée. J'irai demain au mausolée.

Mais ce soir je suis coincé, la pluie m'empêche de rentrer à l'hôtel de passe où je loge, où je gèle dans l'obscurité, où je lèche des vers, sans électricité, où les couvertures sont poisseuses et le plancher couvert de blattes séchées. Au bordel où brûlent des bougies dans l'escalier.

Je dormirai peut-être un jour, ce soir, une nuit ou dans un rêve, en oubliant, inutile, mon nom. En pensant à ceux qu'un feu de bois réchauffe, moi, j'écris *moi* sans scrupules; je ne possède rien, moi, j'ai froid. Un verre de thé me chauffe les mains, alimente mes songes, modeste comme un cireur de chaussures, un lépreux sur le trottoir. Oh! qu'il fait froid! Un grand soleil muet déboulonnera les statues. Ardeurs nouvelles, inconnues! tourments splendides et de profils, en ce désir ineffaçables! Oh! vous m'avez menti, je proteste! Je conteste le temps, le temps est mort, il ne bat plus le pouls du temps que la mort a vaincu. Hors des murs j'ai descellé de grandes pierres ternes et le verre s'est brisé sous mes pas, sous la ville.

Dans la Cité se sont fermées les portes de l'oubli.

Hors d'atteinte, mes amis, je vous délaisse. Plus de forces, plus de contraintes, et pas même le courage de mendier sur les places. Que la mort et ses ignobles prétentions! mascarades du poème! Vous me congédierez, je le pressens. Je n'ai pour moi plus qu'un adieu, j'entends la voix de Faïrouz et pressens l'envahissement immense de la mélancolie qui m'attend, au loin, dans un pays que le gel pourfend.

Ô Salah ad'Dīn! si j'avais seulement le temps de resplendir, le temps de chanter, la force de prier!

Passant, mon âge s'avance, l'alternance des pierres blanches et noires, à méditer sous les encorbellements de Damas. Que me vaut ce voyage? Je nous ai reconnus; notre espoir est le même; pareils aussi les sillons de notre visage. À méditer notre âme s'allège, à Damas où se dresse, la nuit, l'or maudit des tumultes, des cris qu'adorent les habitants de la ville.

Sous ses pieds de l'or; il l'avait prédit, sous ses pieds le dieu fat que nous servons à Damas. Et sur l'or ils ont frappé le messager! Refuge des prophètes, Damas a frappé Ibn 'Arabī, et le sultan l'a déposé sous un turbeh. Sur l'or, pour l'or ils l'ont tué, comme il l'avait vu dans sa vision. Tant de soifs nous troublent, et nous concernent.

Elle me manque déjà, l'odeur suave du narghilé, du tabac roux au parfum de pomme. Je rêve d'un voyage prochain, à d'autres rues à parcourir, d'autres chemins s'effaçant par magie sous la pluie du désert! Je rêve aux meurtrissures nouvelles, à des terres brûlées par le sel, à Tashkent, à Samarkand, à Bukhārā.

Le ciel ce soir est couleur d'achèvement, de leurres brisés, de tristes échos. L'échelle des heures s'est brutalement desséchée: tout s'effondre mélancoliquement. À quand le prochain rendez-vous, le râle opaque des dérives et l'opulent accueil de l'aube? Tout s'éteint mélancoliquement: ce qui en moi s'élève, ma passion, mes épaules taillées dans la résistance comme un vieux pin au visage dans le vent.

Poésie d'Aragon au café Havana, rue Port-Saïd à Damas. Je pense aux voyages de Philippe Soupault. Le premier quartier de la lune flâne au ciel; sur terre, mon désir de partir vers Aden, à La Mecque, à Bahreïn, à Masqāt. Mon désir de rester à Damas. — *Qui boit l'eau de Damas...* Oh! l'heureuse hantise, subtil horizon de pierre et de suie, source précise du mot qui me vient un soir d'offrande et de mélancolie.

Sous les yeux, des mirages; en pleine ville tu m'apparais, le temps de me fendre le cœur, une brume dissipée par un rai de lumière. D'habitude je chancelle, là, je m'écroule. Mon Dieu! pourquoi ce messager? que veut-il, en pleine ville, ce visage palmyrénien qui me sourit? Et *qui* rythme mon pas? les cymbales ou le rabāba? les tambourins ou le buzuq? les castagnettes de bronze ou le violon?

Au son de l'oud, à ma rencontre le temps. Les lois de l'harmonie, son visage, la cadence de l'étreinte et la lèvre où poser le doigt: paroles charnues, grognements lisses, et fauves les hanches pivotant comme un soleil en plein midi.

— *Écarte les fétiches de la Voie; la vie n'est pas si simple, sources magnifiques au lever du jour, le carrefour est là devant.*

La moitié de ma vie… je suis sur le seuil… qu'en faire? Toujours avancer en ligne droite.

— *Apprends à te prosterner!*

Et contourner les murs extérieurs du mausolée orné d'une coupole verte.

— *À te prosterner, humblement!*

Pèlerin solitaire à chercher le silence auprès de Mevlānā, Ibn 'Arabī, Jean de la Croix. Offrir une lampe, l'âme soumise pour qu'elle s'unisse à la Source, à la *Lumière sur lumière*, sans retour possible et libérée du chagrin. À jamais le parcours sur la Voie.

— *Et nulle ville pour t'accueillir jamais, sinon te prosterner, te prosterner!*

Je descends les marches et Ta Voix me parvient:

— *Prosterne-toi! Prosterne-toi!*

Ai-je retrouvé cet homme serviteur, en moi, qui se démarque du soufre par le gypse et par le feu,

sous le soleil,

dans la Cité,

accusé de l'index et des yeux tournés vers l'oracle officiel, et pivotant effrontément dans la ville aux couleurs de cadavre, bien sûr à contretemps?

L'air est visible et palpable, l'air est souillé.

À peine si je l'ai reconnu, sorti de l'ombre d'un autre siècle, tout en blanc, debout comme une fumée.

Continuellement habitée, Damas, depuis toujours, depuis le tout commencement de la mémoire, depuis la foudre et la confusion, et depuis les encens délimitant la carte du ciel.

— *Ta vie d'eau claire et d'épices migrantes.*

J'habite encore un déplacement, d'une strate
à une autre sous la terre,

dans la Cité.

Une agate à la main droite, montée dans l'ar-
gent,

ماشاء الله!

je reviens sur mes pas.

Pour quel motif autre que celui de l'ambre
interrompre mon allant, prendre mon erre et
tenter l'envol qui me conduirait aux rives du
fleuve, à la croisée des chemins? Je m'y ren-
drai à l'heure où mûrissent les figues, quand
respirent le chêne et l'eucalyptus.

Sous les grandes arcades, l'or ciselé. Et je loue
les artisans, le bronze et le cuivre martelés, les
filigranes d'argent: tout cet art qui lentement
disparaît. Au-dehors le grand soleil vibre au-
dessus de Damas alanguie; la cardamome
embaume la Cité.

L'aridité perpétue nos gestes et prend la parole
un jour; nos songes s'achèvent et le départ
éclate

dans tous les sens, littéralement.

Écrire le départ: oh! sitôt la chute amorcée, le miroir fêlé.

— *Ton appartenance à la terre est bien chétive.*

Que le trop-plein de nostalgie. Que le refus de la désolation. Au front l'éclaircie, au doigt la lumière.

Tous ceux qui s'inclinent devant l'évidence parlent d'une perte et choisissent de nier la malédiction: vous, paroles abstraites, revenez nous confondre! Entre la lèpre et la peste, rien de plus archaïque, le mot charité. Nous sommes seuls dans ce jardin: érigeons les murailles du doute.

À qui la faute? au dernier parti? au charmeur imperturbable passant dans la nuit, dans ma vie?

Choisir un autre désert; celui-là vomit ses secrets, la ville trahit ses mystères, étouffe ses énigmes.

La route émaciée s'allonge à ma vue, portes fermées, accueil éteint le septième jour. Le vent ne me cherche plus querelle, la solitude du séjour tire à sa fin.

— *Pars!* me dit-il, *pars vers l'est! La moitié de ta vie est passée; une étreinte d'argile t'attend.*

Une étreinte mythique; les vestiges révélés d'une ville enfouie sous des braises veilleuses. Sous mes paupières s'agite un sentier, entre une ligne et une autre: des ruptures, des décombres, des chocs, entre une question et sa réponse, un grand vide se taille une place. Faut-il chercher là son propre nom, sa propre image et sa lecture de la clarté?

Un vide où briser l'écorce, où rompre le pain sous une arche. À Damas où l'homme s'oublie, depuis le premier au dernier sédentaire. Font l'éloge de notre défaite: *humanité,* disent-ils, avec au visage un rictus abruti. Je choisis l'objet de mon refus: quand passe le clou je fais signe aux aiguilles de l'horloge.

Au trésor je préfère le Feu.

Damas, du 15 au 21 décembre 1994,
et du 7 au 11 janvier 1995.

Première suite
assyrienne

À mon ami le poète irakien Jabbar Yassīn Husseïn.

Entre le oui et le non, j'ai trouvé l'endroit, ma place parmi les ruines: je sais qui fut Bethzabbei parmi les reines, et à qui le désert fut soumis.

— *Offre les dattes sur un plateau de poussière, de basalte, et trace le galbe lumineux de l'écriture, le solstice cru de l'hiver tombé du ciel, envoûté sur les bétyles et par le soufre des eaux.*

— *Ton nom: dis-moi ton nom.*

Âcrement, le soleil en plongée sur Palmyre: ces traces indiquent qu'ils sont passés là, Téglat-Phalasar, Hammourabī, des sons de silex, de lames à dos abattu incisant les archives de Bethzabbei.

— *Quel est ce message dans la paume tendue vers toi?*

Tendue, la chair du mot, et ces pas s'opposant aux miens.

— *Derrière toi, dos à dos, ton nom, le tien.*

La Palmyrène sous le couchant. Verse encore le thé, mes doigts sont gelés; en vérité je cherche encore la chaleur sous la pierre. La fenêtre fermée, depuis ce matin, tes cuisses, depuis toujours le jet du soufre. Je ne connais que le soleil, il m'a giflé. Le temple est sorti tout droit du brouillard et le vent s'est rompu le dos; vous lui direz que s'est cassé le calame.

La lettre, élégante si, mais cambrée à la lettre altière et futile. Ta main caressant, protégeant tes paupières; la fatigue t'abîme, t'embellit. Sur le sable j'ai vu les sillons de leurs traces, empereurs étourdis. Les fronts se prosternent vers La Mecque et touchent le rouge cochenille des tapis: plus de poussières, plus de sable dans l'œil mais le cœur éveillé, plénitude accomplie.

Datte rouge aurifère: sa lèvre ourlée, marchande de pourpre; censé m'y reconnaître. Censé goûter à son haleine, ivresse d'Orient, épaules au sol couvant le feu vers qui s'égare entre ses membres cardinaux, l'œil criblé de désirs, de chaux, le rosaire d'ébène entre les doigts, siffle et rompt le souffle du roc.

Dans les coulisses du théâtre, mon frère, le masque est posé sur une stèle pâle. Je me protège du vent derrière un bas-relief: les vignes, les oliviers, les caravanes, la vie de Bethzabbei.

À partager le *shaman dour* chez Abū 'Abdallāh, l'heure est au zénith et les cyprès, du côté sud, du haut d'un minaret, la voix de tout un désert. La voix me vainc et me transforme. Insatiable mémoire que déclame le vent, la source trahie dans l'amphithéâtre et vulnérable sur ses jambes.

— *Abstiens-toi de parler.*

Son silence éthéré nous parvient peu à peu; un insecte dans l'ambre est captif, et je sais parmi nous ce qu'abattent les flammes: l'origine éperdue, l'écriture diffractée. Marchandons l'espérance, elle viendra s'offrir en sacrifice à nos visages fermés.

— *Aurais-tu perdu le fardeau que tu halais depuis les glaces, depuis le gel, depuis les loups? Sous l'arche les jours t'enlacent et te propulsent où vivent la forge, la férule et le scorpion.*

Les archers, obliquement, marchent à la tour funéraire, visent l'horizon, et l'audace de Bethzabbei s'attribue des chaînes d'or. L'oracle s'est ruiné; les précieuses étoffes ont sombré dans le lac sacré. Sous le regard d'Aurélien s'effondre Palmyre. Par les chemins va-t-il, encombré de mystères; je le suis pas à pas, je me perds dans ses murs. Ses mirages m'absorbent et le gibet s'anime.

— *Tout s'écroule et s'effondre, tout s'effrite.*

Sous deux mètres de sable les mythes se taisent. Dans les archives ensevelies la carte s'enfonce, éblouie par le temps. L'oasis au miroir voit son œil évidé, la myrrhe et la soie et le cri falsifié foulent du pied le courage, la noblesse de la fuite.

Avenir sans cesse renié, éperdu comme une torche fumante: au front la force de l'épine infiltrée dans le talon de l'homme. Je vois, j'ai vu, je vois le soleil et le sable et le vent qui nous guettent, qui viendront et qui viennent vers nous, le sable et le vent parmi les peuples s'avancent, et nous embrassons les cisailles, les massues dévisagent nos airs de statues.

La lumière est lascive, se frôle aux falaises de gypse, imite la paille et donne à l'Euphrate sa brillance turquoise et son air fatigué, rassasié de sens et de l'aube repu, d'étreintes gavé.

Sur place luit le temple de Shamash; délaissé le socle d'Ishtar. L'abandon me transperce, le silence de Mari et le cinglant parfum de l'argile me font vaciller.

Mâle, un obsédant parfum de glaise; et notant les siècles, des millions de tessons éparpillés là parmi l'inévitable charbon pétrifié des destructions: les portes fermées du poème ne se gênent pas sur leurs gonds! Soudaine entrée d'Itur-Shamagan aux yeux de nacre et de lapis-lazuli: qu'offrent ses mains?

— *L'oraison.*

S'agite la nuit sur Mari. Que signifient les rituels, la descente sur le fleuve et la visite impromptue des dieux?

Les cieux lourds d'inquiétude: c'est la voix de Faïrouz sur Alep. Le profil assyrien de celui qui enlace son double me séduit.

— Tu te promènes en silence sous les encorbelle-
ments de bois noirci; le piège s'ouvre sous tes yeux;
tu y laisses tomber ton désir, à plat contre la mémoire
avenante du lieu du feu, du lieu de l'eau.

De la pierre encore, de la pierre taillée; mes
mains sont meurtries, à tant manier la truelle
et le pic. Creuse le temps, je passe, et ricane le
vent dans mon dos.

Les yeux pleins de poussière, de craie, mes
blessures dans les nervures du marbre. Une
stèle sur ma route a marqué l'éboulis, l'angé-
lus et le mot; une stèle a démarqué ma nuit.

Les illusions de l'or et le miroitement fou de
la décadence en Orient: Alep aux mille visa-
ges, les parfums, épinglés dans la nuit sur les
murs décrépits, me bousculent et me tentent.

— Suis-moi à genoux, et frémis sous ma main.
Sous le ciel crache le soufre!

Le sable crisse et tout rampe et tout se meut à
plat ventre, oh! le vent! dans mes cheveux le
vent s'acharne.

D'une noirceur à l'autre, le labeur du père et du fils œuvrant derrière le comptoir, étalant des étoffes, des outils, des viandes grillées, muettement. C'est le soleil éclaté pour l'entrée d'Itur-Shamagan dans la ville, debout, entre les murailles d'enceinte, entre les portes closes, derrière les rideaux effilochés. À recréer les gestes des dieux, la traversée d'Ur-Shanabi vers Utanapishtīm et la sagesse amère de Sidouri la Tavernière.

— *Oh! Gilgamesh! console-toi, j'ai vu les tablettes d'argile.*

L'entêtement de Shamash: ne dit mot. Violemment je prête l'oreille aux ricanements des charognards. Je mérite le choc de l'espoir, de l'éclair, ce qui gonfle la gorge de sanglots, ce qui martèle à grands coups sous la nuque.

Et s'il me fallait mourir ici, humilié, ventre à terre, la tête aux pieds des premiers sédentaires, à Mari sur l'Euphrate en plein sur le Seuil, dans la Mésopotamie d'Éa, avec le souffle d'Éreshkigal sur la peau, m'endormant, m'endormirais en attendant Ur-Shanabi le nocher sublime: je m'apprête à vous rendre mon souffle, à vous rendre, mes juges, mon tout dernier souffle.

Le souffle de l'argile et le souffle du feu.

— *Remets-nous les clefs de la nuit.*

Mes fauves, je vous remets ma carapace rouge de l'ocre, car je vous favorise parmi les hommes. Il est trop tard, les regrets sont déjà là; le temps, le sale temps, le temps de vivre. Et belle et cruelle est l'existence. Le temps m'est enlevé des mains, m'est extrait de l'âme. Je suis le mouvement et je suis la pulsion. Oh! la danse ne fait que commencer! Je dérive! il faut bien m'emmener.

Aux rives du fleuve, aux jarres funéraires il fut donné un nom. Les carnages sont les mêmes, qu'en dites-vous, l'outrage séduit ceux qui feignent.

Quel espoir, quelle prière nécessite l'entrée d'Itur-Shamagan dans Mari sur l'Euphrate en hiver? La fleur d'oranger imprègne ses lèvres, à l'orée fraîche du pèlerinage appuyé sur la lettre. Et l'ornant au passage le grenat, la nacre et l'onyx.

S'il fallait s'arrêter sous l'orage? Non. Je suis le seul. Ou bien ne suis pas l'étranger que nulle argile n'habite, et qui passe dans la Cité, herméneute assoiffé de mystères et d'énigmes.

L'étranger convaincu de la plus obscure certitude que nulle terre n'abreuve, dans la pénombre de la médina. Oh! descendre sous terre, dans la mémoire et vers la côte.

— *Le tourment te reprend.*

Tombé du ciel, un bloc me consume: la dernière promesse que je ne peux tenir. J'avais choisi de me taire. Quelle insulte! Me reprochez ce rêve, me ronge, me tue, me reprochez cet élan chaotique!

Je reviens sur mes pas; l'Orient s'en est encore pris à mon âme éraflée.

— *Vois, un homme frémit de sa vision: l'alphabet tracé par ses doigts lui renvoie l'univers. La terre en tremble d'inquiétude.*

La terre que déchire la torture. Ibbi-Zippish a reçu ses habits. À Hamā sur l'Oronte et ses vingt-cinq mille ombres. La terre tremble de stupeur et d'effroi.

On a construit un palace dessus la fosse commune, et la voix de Faïrouz apparaît de nouveau dans le ciel de la ville.

Vingt-cinq mille cris cette nuit-là ont fait tourner les grandes norias et les cigognes ont déserté la ville à jamais.

— Alors tu dois écrire.

J'écris parce que veillent sur l'Humanité de grands yeux blancs sur fond de basalte.

— Nous n'avons plus rien à taire.

Mais notre langue est arrachée! Elles ont disparu, les fondations de la Cité! Ishtup-Ilum s'est fait tailler une statue de diorite! Pour que ça dure des millénaires, cette peur et ce silence, le ventre piégé dans un cercle de feu! Où sont passés les autruches, les gazelles et les lions? Dans la poussière où sont les fronts, sous la férule de l'ignorance. Il faut nourrir la résistance.

— Ni pouvoir ni puissance hormis Allāh.

J'entends d'ici ces murmures-là, et l'incendie au fond des yeux m'interpelle comme un Kurde.

Et je vois les faux princes de ce monde: dans les gares, dans les ruines, dans les cafés, dans les mirages assassinés, partout leur image, sauf dans les cellules de prison. J'écris ces vers sous la menace du silex, des haches de pierre, j'écris *Kurdistan,* traçant des cunéiformes sumériens en langue éblaïte.

Et c'est l'hiver en haute Mésopotamie, et seuls savent me lire ceux que la peur a désertés, les sphinges et les lions assyriens.

— *Tu as voulu que tes poèmes brillent de nouvelles théories et de spasmes rhétoriques, de blanches ligatures d'un beau tressage immaculé; mais la nuit est ferme sur le monde, et trop souvent les scribes confirment: Ibbi-Zippish a bien reçu ses habits, on l'a bien vu sur une affiche, à Hamā sur l'Oronte et ses vingt-cinq mille ombres. Tout recommence, les norias n'ont de cesse de tourner, de retourner ta mémoire. Et dans ton cœur les remous de l'Euphrate.*

Les relents de la bêtise font aboyer les hommes, crachent sur les trottoirs des glaviots gros comme des œufs. Nous reculons de sept mille ans déjà, d'une terre, d'un jour à l'autre, vers Ugarit où prit forme la lettre, quand dans le tunnel descend le soleil.

— *Bienvenue dans le monde d'en-bas!*

Sous la Méditerranée nous attend Éreshkigal: elle se moque des chiens que nous sommes devenus à tant lécher des semelles de bottes.

Les enfants poussent des étals roulants; ils vendent des oranges, des chaussettes, pour la lumière, la chaleur, à sec, à froid.

Alep la Grisâtre.   حلب الشّهْبة

Et l'étranger n'est pas le Passant, l'Autre, l'Exilé.

— *Regarde passer le temps.*

Le temps de l'errance n'est plus devant, derrière une fenêtre, ni sur son corps, ni dans son cœur, ni dans son âme stérile, dans cette ville terne sous un ciel, une coupole de plomb.

Au café le garçon n'entend pas, ses yeux sont croches; on m'examine. Tous ces regards, sept mille ans d'abrutissement. Combien d'hommes s'en vantent parmi nous! J'ai vu le temps marqué sur des visages empreints de sagesse pure.

— *Et la sagesse est calme comme les ruines.*

Et parmi ces visages d'hommes, ce sont les plus éloquents des hommes — silencieux — parmi les hommes.

L'amertume? sûrement la mémoire de Naram-Sin conquérant Ébla un jour d'hiver. La parole terne, une citadelle de pierres sévères. J'ai vu le feuillage affolé des pistachiers, et rien n'a changé: Ibbi-Zippish a reçu ses habits, je l'ai revu sur une affiche, à Hamā sur l'Oronte et ses vingt-cinq mille ombres.

أَلله أَكْبَر !

Quand me rendre aux portes de la ville et à quelle porte frapper où l'on me répétera qu'Allāh-Est-Le-Plus-Grand?

Le cycle des saisons s'inscrit dans l'argile autour des villages de pisé, des anciennes villes: on relève la terre sous ses pieds, elle monte jusqu'à l'ensevelissement de l'âme.

Je pressens le temps s'échappant des jarres funéraires mises au jour par de naïfs archéologues, au jour le jour éreintés par tant de siècles, par le Sceau de la Nuit en Mésopotamie.

Palmyre, Alep, du 21 au 29 décembre 1994.

Seconde suite
assyrienne

Au cinéaste assyrien Baz Shamoun.

Paroles d'un précurseur sur la voie la plus droite, la plus simple, sous le sable et le feuillage et dans la nuit.

— *La paix: y croiras-tu un jour? connaîtras-tu la paix?*

Loin du doute et du tourment je rampe, mais une force m'aspire et le tourbillon de l'inquiétude me happe et me fait trébucher.

— *La paix; connaîtras-tu l'aube en ton âme posée?*

La vie m'offre des étoiles: c'est la corde du violon se cassant sous l'archet. Je crains de ne jamais vivre la paix.

Au coucher du soleil à cinq heures, les corbeaux se disputent les rives de l'Oronte; se propagent les rites envoûtants, aux couleurs perpétuellement blessées se frappant entre elles,

Et j'hésite, entre le oui et le non des violences atroces, les combats, les obus. Ces traces aux façades n'ont pas échappé aux semonces de l'oracle: les loups, non, les chiens, les bâtards lâchement lancés dans Hamā sur l'Oronte en février mil neuf cent quatre-vingt-deux.

— Viens: l'heure va sonner. Le chemin que tu suis a de l'âge; il s'enfonce au cœur des hommes comme on s'efforce d'oublier.

— Une voix: ne cherche qu'une seule voix, qui saura te calmer, t'arrêter, te dissoudre, t'étreindre, qui saura te serrer dans ses bras sous la pluie. Une voix profonde et creuse et qui berce la nuit.

Mon cœur défait, morcellement de braises, mes ruines englouties par tant d'événements, par tant d'attente, effondrements répétés. Le songe, le repos, le rêve: êtes-vous là? Décembre est fini, c'est l'année qui reprend.

— Prends ton sac et traîne tes pieds dans les cailloux, dans Ugarit abandonnée par ses ombres blessées.

N'avons plus le temps de chanter, des mains nues nous étranglent et le soleil ne dit rien: faut-il en pâlir? Sans interruption, dans le sens fatal d'une chute. Je me suis soumis puis la voix s'est éteinte. Depuis, depuis je veille et j'attends l'ultime brisure, la débâcle affligeante des déchets. Ma main est gelée; j'écris péniblement que l'Oronte s'envenime en février mil neuf cent quatre-vingt-deux, que l'Oronte s'enlise en lui-même et sombre devant Pharaon. Qui le vainqueur? qui le vaincu?

À chacun sa version de paille, ses raisons de mentir et le feu dans chaque salut.

Il dit: — *Attends son règne, sa puissance et sa gloire, attends sa visite.*

Je n'y crois plus. Vous me faites languir, ô Dieu que j'aime, que je ne peux aimer. Ces désirs nommés comme des joyaux, je Vous les offre le front sur le sol: mes élans d'amoureux mal aimant, mes élans cassés, ô Dieu que j'aime, que je ne peux aimer.

Je persiste à attendre malgré la lumière qui ne vient pas. Au fond de mes poches, le gouffre profond.

Mais ses yeux sont si beaux, ses yeux à l'ombre des palmiers dattiers se souviennent d'une honte triste; et le passé se vautre dans l'eau claire, votre silence ne cache rien, à Hamā sur l'Oronte qu'assiège la brume. Ses yeux s'assombrissent et se fixent dans l'eau claire polissant les cailloux, et les pierres exécutent les signes d'une détresse apprise aux siècles précédents, leurs traces amoncelées sur un tell de gypse.

Le passé, notre avenir incinéré, parce que le brocart pèse lourd sur nos épaules quand, exactement, la trahison luit dans nos yeux délavés.

Oh si! tout se déroule de la même manière: nos guerres, nos massacres et nos débauches, nos offrandes obscènes, parce que la terre brille de loin comme l'or. Oh si! je vous ai bien connus et cela nous suffit.

Je passe dans la nuit obscure et belle, sans étoile et sans lune, et banni je suis seul avec le feu de l'Aimé.

Un lys est posé sur ma poitrine; j'ai sommeil.

Ô Dieu! je veux me remémorer Votre Nom!

À tout jamais, étreindre la grâce de l'oliban, le crépitement de la myrrhe, du bois de santal.

Ô Dieu! dormir en Votre Éternité!

Me reposer de ces écueils qui m'éhanchent et me poussent aux cris de la rive, et qui toujours me poursuivent dans la ville.

Au coucher du soleil en hiver, je vois se transformer les débris de la Cité que les corbeaux harcèlent par centaines; dans un mois, le treizième février. Et ce frais repos de l'œil au café, sans affiches, sans slogans sur les murs. Certains parlent même de trente mille…

Et certains avancent même que le sultan de Hamā était plus que géographe et plus qu'historien, Abu'l'Fida était poète en des temps révolus.

Dites-moi le soulagement de la mort et la caresse intime, l'offrande venue comme un printemps de plus.

— *Les saisons passent, elles te sont étrangères; tes yeux sont fermés à jamais.*

Je vois enfin le seuil, je suis le seuil. J'ai réuni en moi la lettre et le son: ce qui s'est accompli et l'inaccompli, le chant divin du sommeil et l'instant d'un éclair infime.

Ô Dieu! la paix, dites-moi l'étincelle de la paix!

— *Ne cherche pas l'immortalité, Gilgamesh,* dit Sidouri la Tavernière sur le pas de sa porte, *nous vivons l'éternité; l'éternité des massacres et de l'horrible bêtise. Ne cherche pas l'herbe de vie sous les flots; un serpent derrière lui laisse une exuvie. C'est l'éternité sur le monde; l'éternité arrêtée qui active le meurtre. Ne cherche pas plus loin ta petitesse de roi. Entre le soleil du matin et le soleil du soir surgit le silence obstiné de ta pauvre quête.*

Beau comme un ancien mythe; on n'en connaît pas la fin, la tablette d'argile est cassée. Les humiliés font la queue devant nos ambassades.

— Ne cherche pas plus loin; effondre-toi! ou pose ta main sur ton cœur, ferme les yeux, et rends grâce pour le souffle qui t'est prêté, et pour l'amour entre ses bras et pour la nuit venue bercer les corps sur les rives de l'Euphrate aux arbres dorés.

Les pétales blancs des roses ont rouillé sous l'abondante pluie, comme une Pologne flétrie; cette ville lui ressemble. Dieu! que les hommes sont tristes! que le deuil leur pèse et que l'heure est sinistre quand elle sonne à l'horloge grise de Hamā! Je n'en peux plus de tristesse, de ma mémoire opaque et lasse. Je veux demain voir Apamée.

Les chaînes sont trop lourdes qui me retiennent au rocher. À mon Dieu que je trahis chaque jour. Et la vie est belle et cruelle. L'eau souillée n'est pas le désespoir, mais la fatigue.

— Les voyages ont rempli ton cœur d'amertume et de clarté.

Cette vie cruelle, comme elle est belle.

— Et son visage partout te poursuit, c'est écrit quel-
que part dans un poème: la prison s'effondre de-
vant Lui. Ce que tu as reçu de Dieu — le Verbe —
donne-le, offre-le, c'est la seule façon pour toi de le
garder. Donne ce qui t'est prêté; tu le maîtriseras.

Je connais la substance paradoxale de la géné-
rosité; il suffit de tendre la main vers son pro-
chain. Dans ma paume reposent tes lèvres, et
mon esprit s'apaise soudainement, parce qu'il
ensoleille mon cœur le poème.

Le poème étalé sur ma chair: une esquisse, un
croquis, une mosaïque arrachés à l'oubli. Il
s'enflamme la nuit, ce geste émerveillé de
tant d'intelligence et d'ardeur intuitive.

Mon âme que Tu protèges en la rappelant à Toi. À
Toi mon Dieu toute obéissance, et toute joie. Je vais
dans la nuit me perdre, pour mieux me sauver.

Si je cherchais ailleurs?

وِيْن الأجنبي؟

Il est là l'étranger, il se tait.

Je n'ai pas vu Apamée,

ماشاءْ الله!

97

Je n'ai pas vu s'éreinter le peuple devant Marc-Antoine et Cléopâtre.

— *Dans ta paume reposent ses lèvres, dans la nuit superbe d'aimer!*

Le lieu n'importe plus; la mémoire seule éclaire ma vie.

— *Pourquoi pleures-tu encore sur Hamā, sur l'Orient, sur le Monde?*

Je me console dans le jardin, seul dans le jardin avec Celui qui sait.

يا ذاكِرتي !

Chaleur du Livre, c'est l'hiver.

— *Vois: les fontaines se sont tues.*

Au sol répandus les tessons de céramique: formes et couleurs, que dit la destinée? À vivre ainsi agenouillé, j'entends le vol des colombes dans le ciel de plomb. Des peupliers bordent les rives de l'Oronte, et je prends acte de toutes nos souillures, parmi les joncs poussiéreux. S'épanchent les versets du Qur'ān dans le ciel, flottent sur la ville: c'est vendredi, et je longe les rives de l'Oronte. Depuis combien de temps est-ce le jour? il me fait des aveux en désordre.

Et la promesse, un leurre de plus, est inachevable avant la rupture précoce. Et l'heure passe vite. Au plafond sont rivés mes yeux, le temps d'un autre voyage.

Il me dit:

— *Tu seras toujours l'étranger; tes lèvres sont violettes et tes doigts décharnés; tes yeux sont bleus. L'inconnu te talonne; au tournant tombe le jour.*

الأَجْنبي

— *Tu es l'étranger dans la Cité.*

Et médinant je rêve à la Montagne sous le temple de Baal, au fragment du récit du Déluge, aux temples d'Assur et de Babylone. Aux poumons, aux foies en terre cuite, gravés d'inscriptions. À la métropole cananéenne.

Aux scribes de Niqmadū, à leurs visages brûlés, au ras des joues et sur le front, par les braises du four servant à la cuisson des tablettes; un couloir coudé, un escalier à marches basses, pour mon errance intemporelle.

Et Niqmadū épousa, de son peuple, la poésie, de l'autre, la fille d'Aken-Aton et de Néfertiti.

Heureuse lecture, interprétation de la céramique lustrée décorée d'incisions variées; de la géométrie du décor et des lignes polychromes; à paroi mince de couleur crême ou chamois; poterie de la ville d'Ūr, patrie d'Ibrāhīm en Mésopotamie méridionale; ou celle revêtue d'un poli très doux au toucher.

Le bronze et le fer, l'onyx et l'agate. Mes songes. L'élégance et la finesse des grands Abbassides.

Je soulève les pierres et j'y pose mes lèvres. Et revenir me répugne, à cette terre frémissant sous le gel. Revenir sur mes pas, revenir en moi-même, pleurer tout bas comme la neige tombe; tout seul, assis au bord d'une fenêtre. Retenir à l'intérieur mes sanglots et la voix de Faïrouz. Et la neige tombe tout bas pendant que je pleure.

— *Quittez-moi, souvenirs, quittez votre famille sans vous retourner.*

La fièvre me hante; je pars bientôt. Encore partir; qu'ai-je perdu? Quel objet, quel amour, quels regrets sans fond? Et l'obsession inassouvie de quels désirs qui sont passés dans cet hôtel avant les miens? Quel rejet, quel amour, quels remords insondables me brisent et ternissent le tain dans ma main, vaguement m'éparpillent?

Il me dit:

— *Noires seront tes idées, tes humeurs et ta voix, à jamais.*

J'ai triché sous un arbre. Aucun sommeil n'est réparateur.

Que le bruit, que la rumeur, que la foudre et les clameurs misérables des villes.

— *Fends l'écorce! Jamais le cauchemar: toujours l'insomnie.*

La méfiance mine; quel jour sommes-nous? Sous mes pas égarés, les murailles d'une ville. Dort sous la terre une autre ville.

J'avais imaginé l'ampleur forcenée de ton silence mémorable; je ne me suis pas trompé.

Quels écarts me feront trébucher de dérision? S'en moquent les chiens, au passage me pointent du doigt, du bout du nez, du menton.

Et si je renonçais? Si je m'entêtais une fois de plus, le temps d'un café, à vouloir me réconcilier avec l'aube sur le monde? peut-être gagnerais-je quelque chose: un silex, une étreinte, un billet d'autobus.

— Accepte leur feinte; accepte la gifle, et toujours
sur tes pas il te faut retourner, pour que le monde
tourne, pour que ton âge tienne. Debout, et sans
vertige, devant l'autel où gît ton inquiétude.

Monte en fumée, la prière informe et sans foi;
le vide se fait dans mon dos. La nuit se fait, se
défait comme un lit trop grand d'où s'est
enfui le partage des chairs. Mes sillons, mes
draps éteints, ma soif échue.

J'ai refait le tour de la Cité jusqu'à la porte, la
petite porte, la porte où ne passe personne,
que l'étranger, personne d'autre que l'étran-
ger, à Hamā. Dans la gorge, dans la poitrine et
sous le béton, les pierres cassées. J'attends le
retour des feuilles dans les grands peupliers.

Hamā, l'Orient; des peuples déchirés, dans
l'attente et le recueillement, dans le souvenir
des souffrances. Passe l'Oronte dans le cœur
de Hamā, comme du scribe ancien la lointaine
blessure et la douloureuse sagesse.

— Il faut purifier à nouveau février.

Le temps profané s'effrite aux portes ouvertes
de la ville meurtrie; la miséricorde, et sa no-
blesse égarée.

Hamā: Citadelle.

Imprenable Hamā. La citadelle de l'homme est son âme, et le temps fugace des bêtes s'achève.

لأَ حَوْلَ وَ لأَ قُوَّةَ إلاَّ بِأللهِ

Nimbé de son implacable sagesse, et debout, s'exécute et s'applique le silence du soleil.

— *Ni pouvoir ni puissance hormis Dieu.*

Le jour poindra à nouveau dans la Cité; y viendra l'étranger partager sa mémoire, ses ignobles blessures infligées par les hommes.

Latakia, Ugarit (Ras Shamra), Hamā,
du 31 décembre 1994 au 6 janvier 1995.

Suite égyptienne

إِلَى صَدِيقِي اَلْعَزِيز مُحَمَّدْ كُرْتَم

Par les hommes.

Comme si on les tenait attachés la tête en bas par les pattes, et qu'ils criaient:

— *Pas au soleil! pas au jugement incisif des rochers ébréchés au soleil du Sinaï!*

Le Silence est encore le Livre, illusion du Livre.

J'ai pensé au silence.

Et j'ai aussi cherché, essoufflé dans les ruelles d'Amman, ses escaliers dérobés, ses coulisses et son amphithéâtre. Vers la plus lointaine distance, Pétra, horizon impondérable à la sortie du Livre. Hors du Livre, au-delà de la marge et de l'épine, là où je veux me rendre, précisément.

Je t'ai cherché en vain. J'ai pensé à Beyrouth; aux yeux les verres fumés, bien cambré, dans l'attitude hanchée des poseurs de Beyrouth, parmi des écailles et des arêtes, parmi des épines et sous les décombres, à Beyrouth où ne sont plus jamais revenus les oiseaux, et à Damas aussi, avenue Port-Saïd et Merjeh, et même aux flancs du jebel Qasyūn, sous les grands pins parasols d'ash-Sham.

J'ai cherché; je suis allé à Palmyre, trois jours de froid, et j'ai partagé le *shaman dour* avec les Bédouins chez Abū ʻAbdallāh. Je ne me suis pas retourné quand j'ai quitté l'oasis; plutôt, je me suis égaré dans les venelles de Mari, le long du fleuve, dans ces villes sur l'Euphrate où, turquoise, les portes s'ouvrent et laissent la lumière nous appeler.

J'ai cherché à Alep la Grisâtre, d'un café à l'autre parmi des hommes gris; j'ai cherché à midi le regard blanc des statues de basalte. Dans la vieille Ugarit, la Cananéenne, l'air a donné le génie au scribe anonyme qui nous a offert l'alphabet: là aussi j'ai cherché, et même à Hamā sur l'Oronte et ses vingt-cinq mille ombres.

J'ai écrit tout ça dans le passé; j'ai cherché une trace, et je n'ai rien trouvé. Car le Silence est encore le Livre.

— *Vois: le Caire se dandine au bord de l'abîme, se précipite vers le haut, le long d'un minaret richement orné de guipures. Nonchalamment, aux chausses blanches, le Nil descend vers le Nord et remonte le Temps dans ses souliers plats. Les chiens la nuit se déplacent en meute dans les rues désertées du chaos. C'est le fracas, la sinistre brisure des voix.*

Au lit je désire le souffle clouant du désert. Car seul existe le désert, pour moi seul au centre du Caire, quand je lorgne l'oracle de Sīwa et le Sinaï où scintillent ses yeux. Au point de fusion de ces regards, une ville prétend à la vision du haut d'une fade citadelle. La fin du monde n'est pas destruction soudaine, mais décomposition, mais effritement, mais putréfaction.

— Le Jugement dernier a été prononcé au moment de la Création du Monde.

Discours sinueux des épaules et des hanches, au café sur la plage passe un linge sur la table, dans l'oasis excitée par la mer. Le vent dans les palmes s'ébat, énorme. Tournesol cambré, noire est sa prunelle et noires ses lèvres, et la courbe charnue dévale sous l'étoffe où mon plaisir étouffe son trouble.

J'attends que la lune s'élève; dans le désert on devine les corps, la nuit soulève un désarroi; rompre avec lui. En moi rompre avec un cycle; la mer Rouge m'attire mais le désert me retient.

Mes os pétrifiés, tourments récurrents, mes inquiétudes élaguées, mes déplacements impitoyablement brefs.

— Oh! le feu! l'âme vive!

Mon Aimé se rapproche de moi: je répète au son des vagues:

وأشْهد أنَّ محمَّداً رسولُ لله

Poudre d'or et turquoise, herbes amères et déracinées, ébréchées à leur cime: je sens monter la lune. Il vente parmi les écumes de la nuit; le thé est servi. Au ras de l'étoffe bleue, le frais regard énigmatique me poursuit, me poursuit dans la nuit. Me poursuit déjà l'ombre sereine, de l'âge patiné par la fascination, la baraka suspendue au-dessus de ma tête.

Je ne suis pas incorruptible. Quel homme inassouvi n'a pas fléchi; n'a pas trébuché; n'a pas chuté; n'a pas demandé grâce les yeux baissés; ne s'est pas prosterné; n'a pas pardonné? Oh! la blessure! la plaie que le sable fréquente.

L'acte charnel d'aimer sans trahir; l'étouffement dans la cage thoracique; les sanglots épineux dans la gorge; je pense à taire mes amours.

— En ce moment, quel désir habite l'ambre, avant l'éclosion de l'étreinte?

La lune rétrécit: plus de plaisir, les nœuds se défont; plus même la force de plier bagage, et le vent dans mes veines s'achève.

— *Oh! vaine est l'espérance quand tu dis, quand tu témoignes:*

لا إله الّا الله !

— *Et le feu t'appelle quand tu implores:*

Mets la lumière entre mes mains, assigne-moi la lumière, accorde-moi la lumière!

— *Quand tu entends:*

Accourez à la prière! Accourez à la félicité! Tendre est Sa Puissance, incommensurable dans Sa Grâce! Ton Aimé t'appelle en tous lieux!

J'ai compris: ma place est sur le Seuil.

J'ai enfin compris, le corps soumis au soleil lascif, à sa propre chute.

Ô récitants! je vous suis reconnaissant.

Je tends l'oreille aux versets.

Au café mon ami me confie ses amours, et ma vie rafraîchit la surface des sables. Que souhaiter de plus? c'est un homme qui me parle d'amour. De *ses* amours égarés dans la nuit.

Nous nous sommes perdus dans la nuit. Dans les allées du campement bédouin, sous les étoiles, j'ai titubé: tu as pris ma main, tu m'as conduit à la mer dans l'obscurité et j'ai connu plus grande chaleur que celle du sable d'or au soleil. À Dahab j'ai connu l'incendie. La chair.

Et derrière nous s'élevaient, gigantesques silex, les rochers exaltés du Sinaï.

Je ne t'ai pas nommé, de peur de déchirer mon esprit fragile dans son essor vers la plénitude du Maghreb, vers l'Oracle d'Amon, à Sīwa, vers l'implacable lucidité du règne minéral, vers l'auguste passion d'un soir d'été. Mon ami.

— *Ton Aimé. Que la Lumière et que l'Unique.*

Quel royaume peut surseoir à sa présence? quel geste perceptible et brutal? quel regard de quel faucon? Oh non! plutôt l'invocation dans ma solitude abstraite!

Tu dis:

آمين

— *L'Inaccessible. L'Éternel. Le Premier et le Dernier.*

Auprès de ta tête se tient un ange, quand au moment de dire *Amīn* le reflet de l'Océan est exaucé.

— *Que la Lumière et que l'Unique. Que l'Amour. Que la Mort.*

J'ai repris ma quête jusqu'à Sīwa et j'ai vu les dunes à l'ouest, vers la Lybie, et j'ai vu la Grande Mer de Sable, et j'ai entendu parler de Tripoli, de Sfax et de Tunis et de l'Atlas, et même d'Essaouira sur l'Atlantique.

Dans ce village les coqs chantent la nuit sous la pleine lune, derrière des maisons d'argile et de soufre, et les voix se déchirent, feuilles de palmiers. Le son de l'eau qui coule entre les dattiers et l'animation des ânes, des chèvres, des poules, les voix des enfants, les canards, les roues de charrettes, l'âcre odeur sulfureuse quand se couche le soleil derrière la forteresse de Shāli.

L'adhān est un cri venant des confins de la chair, un élan viscéral, un élan passionné vers Allāh, vers la lumineuse oasis de Sīwa, l'adhān est une maladresse humaine dans sa tentative frêle d'aimer la Création! Inaltérable liberté de l'oasis, même occupée, le temps se fixe dans la pierre et rien n'existe entre Dahab et Sîwa, que mon Aimé, que le désert.

— *Bois le feu! Jusqu'à la cendre!*

Écrire hors du Livre, exclu du Livre, écrire l'inavouable; écrire loin de l'illisible perfection et ne pas céder au chantage de la poésie.

Mais écrire chant. Et passion.

Tout passe, tout passe, tout passe et s'éteint pendant que nous dormons. Me retrouver seul avec le Verbe, avec l'écriture du poème interminable.

Ange noir à la voix rocheuse, au cœur d'or massif piqué de scories, à trois jours de route, trois heures en panne dans le désert, trois nuits sous les étoiles, trois vies, trois univers. Dans mon sac une écharpe noire de soie brodée de fils rouges, orange et or, que portent les femmes de Sīwa.

J'entends les *dhikr* des derviches vêtus de blanc sur le parvis incandescent du mausolée de Sidi Sliman.

J'entends aussi les derviches du Caire près de la mosquée de Husseïn d'où j'ai ramené deux *sibhā* parfumés à l'ambre de gazelle.

Ô parfums de toutes mosquées! restez!

La *liberté libre* m'amène ici, à Dahab sur le golfe d'Aqaba où mon âge me fait peur malgré les essences de menthe et de lavande, malgré l'huile noire de l'ambre pour la nuit du prochain voyage, un retour à mon couraillage primitif: ces objets dans mes mains que je cueille, corail, coquillage, éclats de nacre, et spirales et débris de verre poli, tessons de poterie.

Chaque pierraille a son histoire et chaque grain de sable se raconte, à plat ventre sur un lit, complètement nu.

Je ne veux pas dormir.

Je ne veux plus dormir, je veux entendre chanter Hassan al'Asmar:

—*Tu vois ces larmes? N'y touche pas!*

— Fondé sur l'or un mirage ne dure pas. Tu l'as cherché au Sinaï, tu l'as trouvé sous le soleil entouré de corrompus, de fanatiques et d'insensés. Arrive à comprendre les Prophètes: depuis que le Jardin a rétréci, ses contours ont marqué ton visage, devant le buisson enflammé d'une Voix.

— Dans tes yeux le vent charrie du sable, du sable et du bronze, du sable brûlé. À quand le tribut, le songe et la fuite?

— Demeurent les arches, et tu passes le long des innombrables lisières du regard.

Les voix dans la nuit rafraîchissent le marbre, et si blessantes vos paroles. Une hirondelle du désert fuit.

Au littoral d'ossements et d'algues, un éreinté guette l'oubli, prêt pour la chute, pour l'incroyable sanction du voyage.

— Le pointez du doigt; l'accusez; le transpercez.

Je m'exclus de la Cité avant d'en être chassé.

Par honneur et dignité, par vanité, pour la dernière fois.

Je porte toutes les blessures dans le désert, par orgueil et par endurcissement.

Je serre les dents et retiens mes larmes, attiré par la sauvagerie minérale du roc et l'extrême déchirement des sommets, dans le désert où je suis sans défense, où je me livre en tous sens à la dureté des pierres, chassé par les hommes, par mon libre arbitre et par les bêtes aussi, c'est la même chose, le même excès.

Je songe à l'impitoyable procès qu'est la vie, la démesure de la vie. À la sentence qui nous heurte et nous éclabousse.

Et je traverse la mer Rouge vers Aqaba et le royaume hachémite de Jordanie, au moment où mon ami est jugé par les hommes.

Par la bêtise fauve des hommes.

Dahab, Le Caire, Sīwa,
du 7 mai au 7 juin 1995.

PACÍFICA

(Melaque, Santiago, Zihuatanejo, Acapulco,
Puerto Escondido, Puerto Ángel, Zipolite;
du 21 novembre 1996 au 18 janvier 1997)

À mon ami Rino Morin Rossignol,
poète et compagnon chercheur.

Vous êtes déjà allé à Pacífica?

CARLOS FUENTES,
Christophe et son œuf

vous êtes allé là-bas
dans ce mot magique
est-ce un pays fluide

DENISE BOUCHER,
Plus loin

Croix du Sud

*Écrire est fondamentalement
une lutte contre le temps et la mort.*

CHARLES JULIET,
Trouver la source

Par la bêtise fauve des hommes. Par le plus fauve des hommes. Par la bêtise humaine et par l'œuf qui porte le plus fauve des hommes.

Par le feu. Par le fer qui perce l'homme. Par le feu qui favorise la mort de l'homme. Il descendra. Il amorcera le doute et la descente, un degré suivra l'autre.

L'autre ici-bas se démène. Se prive. De l'autre. Degré par degré la descente. Il verra à ses pieds la citerne vide. Il y versera sa salive, y vomira son nœud.

Un œuf à écraser du talon. Bêtise fauve de l'homme. Oh! pas qu'elle! Par l'homme! Pas que la bouse et la chiure! L'écriture! Par l'homme aux flancs inscrits, aux flancs à lire!

Aux flancs à percer, pour que le vinaigre file, dérègle ses muqueuses, pour qu'il crache sa peur et qu'il enchâsse les glyphes de sa foi! Pour qu'il saisisse un peu de sa vie et la vive!

Pour que s'échappe et se déverse sa vie aux pieds du Temple.

Il lui faut descendre les marches de calcaire.
Les marches du Temple. Vers l'homme. Descendre, descendre sans vertige en celui qui
prétend à la marche des hommes.

Descendre vers la torture. Vers la disparition.
Vers le jugement et l'exécution arbitraires.
Vers la torture et vers le refus désaxé. Coupez-lui les cheveux! la gorge et la tête!

Il a tendu les bras; les mains ouvertes, on a lu
dans ses paumes sa condamnation: vivre. On
l'a condamné à vivre, à témoigner de la mort
des amis, ses proches.

À témoigner de la souffrance des faibles. Dans
sa ligne de vie, que la mort, que des crânes
recouverts de plâtre, les bas-reliefs du Temple
aux Inscriptions.

Sa vie inscrite dans ses mains vides. La mort
de l'autre engouffrée creux dans ses mains.
Obligé de prier. Obligé d'être heureux.

Face à l'homme, obligé d'être seul avec Dieu.

— *Écris.* Tout ce qu'il a pu écrire ne vaut rien devant la souffrance. Il est dit, il est écrit: témoignage, torture à l'électricité, viol, passage à tabac.

Il est dit: cicatrices de l'âme. Et le corps s'en remet, parfois, d'une blessure à coups de fil de fer, de menottes en plastique, de matraque électrisante.

Mais l'âme? Mets son âme aux loges des sévices sexuels, de l'impunité, du sacre de l'idiotie humaine. Sa voix s'élève, sitôt ligotée, mise aux fers, striée de coups.

De *pressions physiques modérées.* David ne s'en remettra pas, reniera sa suite, sa cour, ses apparats de chemises noires, de cœurs noirs, de mains noires d'avoir tué.

— *Écris.* Devant ce qui souffre, l'érosion guette les signes dans la pierre. Folies. Violences et massacres, sodomies blanchies par le silence de ceux qui en rougissent.

La nuit, vivre ne se définit plus.

L'armée descend au village au coucher du soleil, pour savoir si, comme ça, pour savoir qui, et savoir quoi, pour la sécurité publique et pour la sécurité de l'État.

Un maigrichon harcèle et insiste: — *David! plus de mise à mort! Que l'humaine dignité!* Et l'oiseau quetzal disparaît lentement dans le feuillage de la honte.

Le clocher de San Patricio tremblote encore d'avoir perdu des briques. Le sable frémit, et la machette levée haut, et droit, menace l'oreille et la langue.

Faut-il permettre à la ferraille de régner de tout droit, infaillible, fière de trancher les mains, les pieds, le sexe et les ailes des passions troubles, le corps de qui refuse d'être l'ange?

Dieu est revenu. Il a plu toute la nuit, à la fenêtre un vent amer s'est rendu, s'est exclamé: — *Plus de lianes! plus d'araignées!*

— *Plus que l'horreur des épines et plus jamais les Noces de Qāna!*

Par les épaules. Par la peau du bas du dos, par le cuir des pieds, par les phalanges des mains, par les rémiges des ailes! — *Écris!* Par l'atroce dépècement des facultés humaines!

Dieu est revenu. Sa chair a été mordue un soir où les palmiers séchèrent à l'abri de la justice royale. Dieu ne juge pas ceux qui le compromettent.

Par la chair délavée parce qu'exposée au virus, au volcan, aux voix nasillardes des paysans dont l'urine sent fort quand la laine s'évente.

Par la chaux des plafonds craquelés. Par les déchirures qui laissent entrer les moustiques, les scorpions, les lézards et parfois même les obus.

Par la fêlure des cœurs assoiffés. — *Écris!* Silencieusement seul. Écris ce qu'une tête fêlée peut souffrir: furie de l'enfant affamé qui s'éveille,

Un matin, sans feindre sa faiblesse.

Son corps chevauché par le soleil et l'or des liquides douteux et par les poisons coulant dans ses veines; l'eau soupirante et l'accord insalubre des lagunes, en lui!

En son corps chevauché de lumière! Cheminent partout en son corps des insectes, des marasmes, des remous qui mènent au large les nuits de très grandes marées.

Cela l'obsède: le coffre d'une auto, le cadavre en deux, en trois plié, déversé du haut d'une falaise brute, et cela le tourmente et cela l'indigne:

Pressions physiques renforcées. Hypocrisie! Cela le cisèle. Alimente les crues du feu. Du frêle apparat d'un blasphème, accusation portée par le sombre à l'affût du voisin dénoncé.

Délateur insipide, éhonté, le prochain éventré, connu de la charpente même de l'échafaud! Que reste-t-il de l'eau? En reste-t-il du vin? Que des jarres fêlées, que des jarres funèbres.

Perturbé, il cherche en lui l'écrit durable.

Océan

— Un mâle suspendu sur son éternité,
Maîtrisant une force connue de personne
Et n'ayant pas à recouvrir sa nudité,
Retenant en lui-même, au bord d'une falaise,
Devant ce gouffre encor dormant de ses désirs,

Le cri d'amour divin qui va tout déchaîner!

PATRICE DE LA TOUR DU PIN,
Thème de Genèse

D'accord je ne signe rien. Je laisse aux insectes le soin de striduler en la nuit sèche du songe et du sang, parce que l'écho refuse de jouer sa partie.

Plus que le sifflement des gamins, que le ciment toltèque et que le poulet fou traversant la route. Le soleil allonge la côte, désespérant, tant de vertiges à contourner.

Je pars quand? Le miroir est-il fumant? Le maïs bien grillé? L'étalon bien monté? Faut-il dénouer le baluchon ou bien engorger, soutenir d'un regard noirci le délire du scorpion?

Je pars quand? L'oiseau plumé de flammes, la voix du ciel inversé te dit: — *Nativité! Descends vers l'est, descends vers le sud. Descends vers le Temple où la Parole du Prophète renaît.*

Mais je ne veux, je ne peux m'enfoncer davantage dans l'Océan, dans la jungle: les courants, les vents, les remous de l'eau, du feuillage, le danger de l'étouffement, des fièvres menaçantes me guettent,

Et l'Image éprouvante me suit, le long de la côte.

Il suffit de recommencer le livre: Je pars où? De démonter l'acte du livre: Autrement! Afin de ne pas confondre les constellations ni l'abattement des mots qui n'arrivent pas.

Les démangeaisons insistantes, affolantes; il n'a plus rien à voir, rien à regarder, tout à absorber par les pores de la peau, au soleil, dans le sable et dans l'Océan cime.

Playa Marinero: sous les yeux, des voiliers, deux barques silencieuses; autour de la chair, dans la chair l'eau, et surtout le sel, le pain fait chair. *Nativité.*

Pourquoi se charger de discerner le clair de l'opaque? L'eau des salives de l'homme? La terre, le soleil du sexe de l'homme? Je pars où? Plus jamais devant, l'aveu; plus que l'appât.

Surmonter la peur: écrire ce qui ne devait pas *être livre.* En fumée. Tout le pays, toute la terre est fumée, un champ de maïs en fumée, un déjeuner sur l'herbe, un feu de bois, un feu de charbon.

Au ras de l'eau, au ras des chairs la fumée.

Enfumés. Le miroir, le désir et le volcan, le feuillage et le poisson. Qui veut y mettre la main? Entre l'ombre et l'autre,

Entre la grâce et l'adieu s'insinuent ceux que le regard corrompt: le songe, le coquillage et la machette ébréchée. La marche au pas, les cloches inégales et la blancheur de l'hostie.

Les femmes ont les seins nus à Zipolite; les gars ne sont pas circoncis; le soleil les rend transparents, chaque veine est tension du feu, le vent gonfle l'élan, l'attente est passion.

Quel sens donner aux signaux de fumée? Aux yeux impassiblement fermes, au sourire horizontal, au cuivre indéfrichable des Zapotèques sur la côte, forts comme une barque en haute mer?

— *À Santiago, le capitaine a-t-il vendu la fumée de sa chair après les adieux? A-t-il exprimé le désir d'embrasser les lèvres d'un homme aux yeux bleus? A-t-il mendié la lubricité, un soir de lune inquiète et de marée morte?*

— *A-t-il connu quelqu'un après son départ?*

— *Ou pire encore, a-t-il vendu son âme à l'homme?*
Il regarde l'Océan, il contemple avec détachement les lames de fond, les tourbillons de sa beauté.

Il s'est dévêtu; au départ il ne couvrait que son sexe, puis il a goûté le cuir du jaguar dans les sous-bois asséchés. Il se dit: — *J'ai offert aux regards des fauves ma nudité naissante.*

— *Les hommes, les femmes, les enfants l'ont vue naître.* Et nous comprenons la beauté d'un corps, à partir de loin, du nôtre et du sien, à partir de l'eau sur les cuisses fumantes.

À partir des lianes et des îlets, des bateaux pétrifiés. Si près du feu. Si près de l'homme. Qui sauve les vies près d'ici? — *Tiens! Celui-là au maillot rouge. Le profil de Pakal et l'accent zapatiste.*

Ce qu'on attend de lui: l'oraculaire, l'oculaire érotisant ce qui s'élève sous l'étoffe, les courbes des pyramides et des temples sous la végétation tropicale.

En ce jour, qu'on n'attende plus rien de lui.

Nez au vent, il crie: — *Qu'on n'attende plus après moi! Qu'on me laisse la peau peinte en bleu!* Autour, les étoiles tatouées sur les torses glabres, et le ciel, seul objet de détournement de désirs.

Il est urgent cette nuit de comprendre le Temps, l'Un contre l'Autre. Il est nécessaire de prévenir le Temps.

Les stèles attendent sur les hauteurs; qu'on les lise? Le long de la côte, se dévêtir de son nom, entendre la voix grave du marin:

— *Méfie-toi de l'irrationnel et de l'amour inscrits sur les linteaux des Temples; méfie-toi du mythe: je suis capitaine et tu caresses cette illusion. Tu en jouis.*

Cette nuit-là ont été repeints les livres sacrés, les livres exposés sur une natte de feuilles. Et sur un autel, tout à l'indigo, la tête du chevreuil et la flèche pointée vers le vide.

Les hommes, l'un l'autre se percent la langue et le sexe.

Et, disent-ils, les gars de Zihuatanejo, que — *«le mois fut complet, l'année fut complète; le jour fut complet, la nuit fut complète; le souffle de la vie fut complet aussi;*

— Le sang fut complet, quand il roula sur leurs lits, sur leur Natte, sur leur Trône». Et je comprends la saveur de qui macère dans l'Océan, de qui se laisser lécher.

¡Ale! Venu le festin de miel, venu le vin de miel! *¡Ale!* Venue la Cérémonie de l'Extinction du Feu! Vienne la Cérémonie du Feu nouveau!

Plus jamais à nos pieds les chaînes, toujours le Volcan! Il dit: — *Ce n'est pas pour ne pas te payer que je me suis privé de ta chair.* Cette nuit, peutêtre, la descente de Kukulcan, l'avancée du solstice d'hiver.

La montagne est roussie: le soleil a tout brûlé. Presque plus de souffle, presque plus de vie en attendant la Nativité. Le Peuple de la Fleur de Mai est passé par ici,

Il ne reste plus que les ébats des étoiles.

Et les lèvres du capitaine, oh! qu'elles restent! elles ne sont pas tristes comme celles des statues olmèques, elles sont trapues, et combien mensongères au moment du désir!

D'embrasser ses lèvres comme de trahir son amant le plus durable, comme de trahir la promesse faite au feu de l'Orient: ses lèvres noires de tentation, de perdition.

Il ment: — «*Je t'ai créé caché. Je t'ai placé là où tu es. Quelquefois je te prends et je ressens ta force, qui t'est donnée par Dieu.*»

Je mens: je n'entends pas cette parole, mais j'effile le poignard de silex et j'anime la traîtrise entre hommes; entre nous, que valent ces deux cents, ces trois cents pesos?

Entre nous les éclats des coquillages logés sur nos chairs, entre nos sueurs mélangées l'une à l'autre, au sable, à l'Océan, sous un soleil ailé qui met sa langue à mon oreille.

Je comprends sa langue, ses lèvres encerclant mon oreille.

Je comprends son râle primitif quand d'un geste brusque il me dénude, ses dents sur mon flanc; je l'entends grogner malgré le vacarme des vagues étreignant le rocher.

Et ses cuisses éloignées l'une de l'autre, si loin de la Maison où l'on Enseigne durant la Nuit, ses cuisses fermes et dressées dans l'apparat des métaux les plus justes: miel, eau de nopal, pour moi seul.

Puis, au mille et unième kilomètre, je me suis dénudé de moi-même, violemment, à remonter la mémoire de la côte allègre, d'ouest en est, seul, vers l'incomparable humiliation première, et fou du vertige qu'on m'insuffle de si bas:

— *Amorce la descente!* me dit-il, *descends les marches du Temple!* C'est déjà fait, j'ai eu tort, j'ai trop parlé! — *Ravale ta morve, ou crache-toi sur les pieds, mouche-toi dans tes doigts!*

Dieu! Plutôt, je me suis dévêtu au mille et unième kilomètre, entre sable et soleil, face contre terre, avec à mes côtés les sandales en fibres de sisal.

À retrouver en moi le feu.

À l'arrivée des Cinq Jours Sans Nom, quinze heures est le temps de la Chute. Le cèdre a laissé passer le vent; en fumée, la résine du copal.

Il paraît que se demandaient les femmes:
— *«Qu'allons-nous dire quand nous rencontrerons l'homme sur le chemin?»*

Elles méditaient leur question au moment où la poussière tournoyait autour d'elles, dans les chemins épineux qui leur blessaient les chevilles et les genoux.

C'est à l'Orient qu'elles reprirent la parole:
— *«Qui est passé par ici? Voici des empreintes de pas. Mesurons-les avec le pied.»*

Devant la Trace de Dieu inscrite sur la Terre, par la Trace de Dieu gravée quand le vent tourne à l'heure où descend le soleil dans le Jardin, on dit: *«calculer la terre avec le pied»*, mesurer le Monde, être le Monde, être au Monde,

Étreindre, sous les étoiles confondues, le pas du Monde.

Il fallait revoir le Monde de cette perspective: la chute de l'homme, le niveau de la mer pour embrasser le pouvoir de l'Océan, à s'en brouiller l'âme, dans un total état d'humiliation.

— *J'aimerais t'embrasser*, dit-il avec à l'œil l'oubli déjà entamé, prêt à se faire percer les narines et la langue par l'épine de l'agave, prêt à ne pas se laisser caresser les fesses.

Sur le dos, le poisson et l'araignée, la fiction se termine ici; c'est le solstice et la pleine lune se forme au-dessus de la baie de l'Ange.

¡Oh la balada ranchera! la voix de Pedro Fernández, pleine de soupirs: — *Lo mucho que te quiero y que te adoro... Te juro que mi amor es puro...*

J'ai repris la route en lui jusqu'à Persépolis. Avant que son remords ne la reconstruise. L'ai laissé seul avec ses tourments: — *Quoi! je suis beau?!* Avec sa bouche prête à happer le billet de banque.

Un jour je verrai *¡Ojalá!* revenir la vie en ses yeux.

Au printemps *¡Ojalá!* l'ambre au doigt, au cou ravivera le poids de mes pas vers Santiago, et nous survivrons au temps de la Fleur de Mai.

Nous survivrons à l'emprise des Coatis, à celle des Pumas: nous poserons à terre notre pied, nous descendrons l'escalier, achèterons la cire pour éclairer notre nuit.

Et cette chute-là, éclairée par la cire et la voie lactée, assombrie en partie par la lune, cette nuit-là nous vivrons la rédemption, on nous offrira le miel et l'éclair du maïs.

Et le jour suivant ne connaîtra pas la mort; personne au village, au pays, ne mourra; ce sera le jour du vent, le jour du souffle, le jour immobile et parfumé de l'Esprit.

Parce que nous y avons mis notre foi. Parce qu'au-dehors passe une jeune fille d'une irrépressible beauté: elle transporte un grand lys blanc dans un pot d'argile noire de Coyotepec.

L'homme qui se passe de la roue a compris le message.

Seul compte le Temps. Et pour compter le Temps, les glyphes sacrés inscrivent le Temps dans les stèles et sur les bas-reliefs des Temples.

Et la sainte écriture du Temps rejaillit des montagnes, de la Sierra de notre Mère du Sud,

Jusqu'à l'Océan: elle s'y baigne nue, confondue avec la fertile splendeur de la plage, irradiée, dans l'intolérable présence de la beauté nue.

— Tu viens à peine de te remettre à manger après avoir écoulé tant d'encre verte, malgré l'hiver, la flamme éteinte, et l'on t'en veut d'avoir su reconnaître la saveur de l'olive et la texture de la mangue; d'avoir envisagé fièrement la douleur de l'incertitude et le vertige du doute.

Insondable tristesse, un soir de lune, quand survient soudain la mort d'un poète. Refuser la gloire, accepter l'honneur: plutôt la fleur du nopal que la Coupe et le Bol, que le Plat, l'Éventail et le Bouquet, futiles attributs d'un pouvoir évasif.

Plutôt rendre compte du vent qui s'élance à pic vers le silence de la page.

Me ramènera-t-il vers l'Orient sur un galion des Philippines, partant de la *playa de la Ropa* où s'est échouée une cargaison des plus belles soies de Chine?

À chaque naufrage son bonheur; à la chute, la délivrance. Comme d'exposer son corps aux rayons de la lune, seul face à l'ange de pierre.
— «*Résonneront les tambours sur la terre, tinteront les grelots dans l'air.*»

Oh! Par le nez! Pour voir clair, vers le haut, pour la clairvoyance et pour le pressentiment! Pour suivre des yeux les détails des glyphes et pour saisir du regard le geste du Lapin gravant les signes sur le livre en accordéon;

Pour oublier la poursuite des jours et l'obstruction de l'année bissextile. Et lucides, peut-être ne feront-ils plus la guerre, peut-être n'étendront-ils pas la peau de jaguar;

Peut-être dans seize ans, deux jours après le solstice, peut-être seront-ils avertis, et leur chute en sera d'autant plus brutale puisque l'appétit ne reviendra plus,

Il ne restera plus que de l'eau, que de l'eau.

À moins qu'il ne brûle ton livre, — *«tout ceci est écrit et doit arriver»*, qu'il n'obéisse à Fray Diego de Landa et qu'il ne jette au bûcher le manuscrit par lequel tu mesures entre nous le Temps.

Et s'il le brûlait? Sauvés par la pierre, sauvés par l'arbre fromager, par l'arbre tamarindo, sauvés par le Temple, nous sommes sur le dos, comme Orion,

Dans le ciel près du Temple. Et Landa bat sa coulpe en l'Éternité, il sauve de l'oubli l'alphabet qui nous somme de reprendre en mains notre Alliance avec Dieu.

Après le troisième jour de deuil est réapparue, s'est remise à briller la Croix du Sud: dans le ciel la lumière de la pleine lune, et j'invoque un homme rapaillé dans la nuit de Puerto Ángel, le cœur écrasé de sanglots.

Dans le Temple Océan. À la lumière des arbres prêts pour la Nativité. Et je loue Dieu pour les risques placés sur ma route et pour le retour à l'eau qui me berce, et pour l'immortalité de la poésie.

Pour la seconde moitié de ma vie, j'offre mon corps à l'eau.

Nativité

C'est alors qu'il quitta le ciel; il descendit, puis il disparut sous la terre. Alors il entra dans le règne de la putréfaction, puis il commença à renaître, comme cela a été dit en vérité. Alors il devint homme [...].

LE CHILAM BALAM,
Prophéties des années Tun,
version de J. M. G. Le Clézio

Cet accès à une respiration profonde, fondatrice, à un surcroît de vie qui nous est indiqué parfois lors d'une rencontre, en nous et hors de nous — les deux rendus en ce mouvement indissociables —, ne peut devenir concret que pour celui qui consent à refaire en lui-même l'itinéraire d'une genèse. L'expérience de la beauté me renvoie certes à mon insertion dans le monde, aux corps, aux mouvements et idées innombrables, mais surtout à moi-même qui les sens et les pense, à ma racine la plus profonde, que personne d'autre ne peut éclairer pour moi.

LORAND GASPAR,
Apprentissage

À qui la faute? Quelle est la faute? Qui la portera sur ses épaules, à pied, à travers la sierra et jusqu'au désert où la vie se régénère?

Qui osera descendre le sentier rocailleux, sinueux, pour traverser la croisée des chemins où bourdonnent les mouches velues? Pour questionner le crâne, les ossements, le calcaire aveuglant?

Pour ensuite inverser le cours des sables, afin d'égarer les sens du vautour et des gardiens à la moustache en croc, et qui défilent aux lisières du pays, demandant un tribut au passeur?

Pour connaître les raisons qui poussent les fourmis à manger le soleil et la lune? Pour consulter les Pléiades?

Pour demander au dieu des arts et des hiéroglyphes pourquoi sa voix se cache derrière son visage de soleil, et pourquoi ne revient plus en nous le Scorpion Noir,

L'Esprit-Saint qu'enfante en nous l'accueil?

Pour qui la faute? Pour la rédemption de qui? Pour celui dont les genoux égratignés ne fléchissent plus? Celui dont l'œil béat s'est agrandi? Selon quelle justice et selon quel juge?

— *Selon le calendrier à trois roues, pour que revienne la Parole de Dieu, seul, du Seul Dieu, lors de la Nuit des Trois Fruits Flétris.*

— *Pour que revienne l'écriture originelle servant à marquer le parcours du soleil; pour que dans le ciel il soit permis de lire la langue des Prophètes et le vol de l'épervier.*

— *Afin que ne revienne plus la guerre, que ne descende plus du ciel la Palme à Trois Ramures; que ne dure plus l'attente aux rivages bousculés par la Charge du Siècle.*

— *Afin que s'éclipse le froid intérieur, la stérilité affligeante des hommes de ce temps; afin que ne demeurent que l'Appel de l'aube, et que le désir du Dieu de l'Autre.*

— *Afin que se taisent les questions, que s'apaise le Monde.*

Cette nuit, ils attendent la naissance d'un prophète, dans l'inquiétude machinale qui surgit
quand pareil événement dépasse l'entendement de l'homme.

Comme l'attente d'un livre qui tarde, et
quand il vient, change de direction, nous
échappe, nous piège et nous déroute; une fièvre incontrôlable, une parole étrangère à nos
palpitations, à nos perceptions du matin.

Un livre ni ouvert ni fermé, ni même de
papier. Un livre de fumée. Mais cette nuit-là,
seules les pierres sont nées, déjà gravées de
glyphes obsédés par le jour qu'il est.

Et quel animal voudrait créer le Nouvel
Alexandre, fût-il capitaine à bord d'une nef
abordant auprès de la piscine et venue, chancelante, de Manille ou de Shanghai?

Quel délinquant veut d'un *marinero* suave
dans la chambre où Juana de la Cruz attend,
à plat sur la commode, à deux cents, à trois
cents pesos l'extase, et soumis aux rythmes
venteux d'un homme dont l'haleine a conquis l'Océan?

Naître ainsi, ici, nu. Sans devoir et, surtout,
sans aucun nom.

Dévoré par les moustiques et les pieds chauf-
fés par le sable, sujet à l'irréprochable cha-
toiement du sable animé par la pleine lune, se
lier d'amitié avec le Dauphin du Cartel. Et se
dire:

— *Vers la septième heure de la nuit, le corps gorgé*
des rayons de l'opale, du lapis, du quartz blanc à
travers lesquels germe au soleil le parfum de l'aven-
ture démesurée;

— *Plus d'hésitations, plus d'inquiétudes, plus*
d'illusions encombrant soir et matin la remontée, la
descente des courbes offrandes;

— *Et plus rare encore la venue de la solitude!*
Oubli! Autour, que des îlots de chair déculpabilisée,
que le rituel du corps oscillant entre la terre et la ten-
dre morsure des tropiques.

Sortir de l'eau. S'extraire de l'Océan. Péni-
blement. Se méfier de l'eau, comme on vaga-
bonde le soir seul, durci, d'un pas mal assuré,
et le port de tête exact, comme on rôde sur
les quais, dans le port, avec au cœur des inten-
tions très honnêtes,

À la recherche d'une ombre et d'une chute.

Son pagne n'est pas défait, il ne porte pas le bouclier sur son dos; il ne craint pas le Requin à la Queue de Feu; il est le Baronnet de l'Océan même, l'échine droite, et fier de son propre regard:

— *Tous ensemble nous dépassons l'avènement des visages paralysés; nous caressons les versets en relief entre l'aisselle et le flanc, entre l'épaule et la nuque, entre nos mains.*

Les journaux ne sont pas imprimés; que se passe-t-il dans le monde d'en haut? quelle tuerie, quelle torture admise par quelle loi, quelle honteuse mascarade en quel pays?

Là nous goûtons la goyave, ici le melon, et sur la table les huîtres et la langouste; notre appétit est celui de l'eau sculptée de sels, et si nous rêvons, c'est pour accroître l'intensité de l'inconnu,

Pour échanger une opale contre un masque, un terrain vague contre un mur de sécheresse, pour dénouer les impostures implacables des voix qui transitent parmi nous, de nuit,

Identifiables au moment du plaisir.

En nous, que les voix des baigneurs cuivrés à la beauté incalculable; que la vanité laissée sur le sable dans un tas de vêtements; que la très distincte Présence du Dieu de la Joie.

Que le mot bonheur, parce que sans cesse le sac et le ressac désarticulent notre langue à coups de faux pas et de vertiges brefs, tout juste assez pour ne pas perdre le silence.

Et que le mot bonheur aux lèvres de la femme étendue sur un pagne de soie, seule, et sans avoir à défendre son rayonnement de miel, nue comme un pétale et belle d'un éclair libre et cinglant,

Tel que seul peut connaître son corps sinueux, animé du désir de transparaître, de nommer la métamorphose qui façonne ses traits; dans ses yeux, la brillance digne d'un indomptable horizon.

Oh! laissez se terminer l'année! sortez le prochain décor! battez l'infidèle mesure du Temps! Un visage est né! Une femme est heureuse! Les ruptures sont consommées, au feu l'abandon!

Et que naisse le jour! Que naisse la nuit!

Inscrire le sacré, rompre avec l'oubli en nommant ce qui est célébré, la mémoire et le papillon s'envolant sous le palétuvier, et surtout l'élan du cactus en tuyaux d'orgue;

Parce que tout désir tend vers le ciel; parce que le ciel donne réponse à l'humain en prise sur le Temps incompris; le Temps, panthéon inépuisable, frôlant la terre ingrate et l'imprévisible Océan;

Le Temps génère sa propre naissance, dans un creux sur la plage, comme une cuvette de sable, un lit friable où, recroquevillés l'un contre l'autre, nous nous aimons, la nuit du Nouvel An.

Dans la chaleur du sable parcourir sa poitrine, sa carapace de cuivre où repose le scapulaire de la Vierge de Guadalupe et l'ambre brut du Chiapas; accueillir le repos des amants repus, libérés d'une forte fièvre causée par tant de joie;

La fièvre du bonheur quand il tient entre ses doigts le cigare imbibé de salive, qu'il me tend: la fumée goûte la cannelle et le chili, la coriandre éthérée; ses lèvres, oh!

Ses lèvres, quand elles aspirent, troublent celui qui regarde!

À la onzième heure sèchent les grandes fougères, quand on souhaite refaire le monde en mangeant avec les doigts, en parlant l'autre langue, et sans austérité.

Le chemin disparaît sous le sable poussé par le vent. C'est que l'immensité nous appelle, nous, sillonnés de caresses et de chants touffus, parcourus de frissons nés de nos propres doigts, agiles, alertes,

Et rusés au moment suspendu de la plus pure jouissance; c'est que le mérite lui revient, le premier pas, le premier mot, le premier homme à mettre le pied contre le mien.

Et c'est l'instant du frémissement de l'œil échappé de l'enclos, l'œil inondé du désir de connaître l'heure de l'Autre, sa voix minérale, ses mots nasillards aux syllabes détachées.

Et la désobéissance civile pour unique loi, seul modèle de survie sous les paupières entrouvertes; l'immensité inaltérable nous entoure comme une enceinte fortifiée,

Un seuil franchi, un mur transparent autour d'un jardin.

Écoutons: vers la septième heure les oiseaux se sont donné rendez-vous au *zócalo,* sur la place du village sans église. Il me remet un viatique, si léger dans la main, une ombre blanche, un trait tiré sur un mot: *amour et paix font sens,* dit la publicité.

Je l'ai cherché sur la plage, à Zipolite, comme il m'a cherché hier: où sommes-nous, en si peu d'espace, en si peu de temps, et que sommes-nous si nous perdons espoir, si nous perdons la vie?

Rien n'est précoce, l'heure est juste, selon ce qui est écrit. L'heure est implacablement sourde aux prières des hommes aux lèvres liées d'un fil bleu.

J'accepte le livre, celui venu un soir d'hiver s'insérer dans le creux de l'épaule, contre ma chair. Et je loue Dieu pour le livre, je loue Dieu pour le bonheur et pour l'eau reçue en aumône et pour la chaleur dégagée par les replis de la chair, un incendie en échange de la fatalité; pour la descente de la lumière,

Afin que l'ombre baigne dans l'ardeur salvatrice des mots.

Pacífica

— *Oui. La vérité est celle-ci. Quand je parle d'un lieu c'est qu'il n'existe plus. Quand je parle d'un temps c'est qu'il est passé. Quand je parle de quelqu'un c'est que je le désire.*

CARLOS FUENTES,
Terra Nostra

Quelle chute? de l'homme ou du poème?
Quel instrument jouer pour quel aveugle?
Derrière, le saxophone se plaint d'un anniver-
saire, d'une nuit interminable et chuintante.

Une nuit chaude sous le tropique, au cas où
l'autre s'amène. Quel insecte se cache dans sa
chaussure? Et pourquoi s'entêter à quérir
l'éveil, dans une chambre d'hôtel, à chérir
l'insomnie?

— *Pour qu'il soit légitime de retourner sur ses pas;*
pour qu'un feu s'éteigne, qu'un feu s'étouffe dans
la clarté des cendres et du sable volcanique;

— *Pour qu'un feu l'atteigne et le décime, et le trans-*
perce d'une fièvre à faire se figer la Trace: sur un
pied, sur l'épaule ou sur la face, un signe équivo-
que et la certitude aiguë qu'un souffle est passé.

On dira que sept fois venu le rêve, rien, rien
de plus n'est digne de l'attente; l'aube, encore,
sans jamais tarder, surprend la fuite, oh! faci-
lite l'évasion du fidèle aventurier de la côte.

Avant l'empreinte inquiète et le verdict.

Avant l'érection d'une statue friable, offerte aux dessèchements des augures et des ricanements, puisqu'il reste des voix, on les entend d'ici passer sous les fenêtres et sous les ponts.

Des aboiements de chiens fous de faim, de soif et d'or, pitoyablement excités par le passage de l'air; peut-être des voix sans cages, il en reste aussi, il en faut peu pour que fonctionnent les phares.

Oh! briller de loin dans le vacarme, comme un râle plutôt qu'un coup de feu dans la nuit tardive! Des notes de musique, et la brise à travers les palmes et la cadence des reins quand s'accroche le fruit au frisson suspendu: présenter à Dieu

L'infime renaissance de son balbutiement, de sa parole d'une éphémère dérive, et reposé, démonter l'inépuisable horlogerie de sa nudité. Qu'exiger de plus en sacrifice?

Une veilleuse, un coffre de cèdre, les simagrées d'une écriture oubliée? Trop de routes se croisent, trop de carrefours, et plus de meurtre à la croisée des chemins,

Plus de gorges sèches brûlées à la chaux.

Que des *malahuas* séchant sur la plage, cyclopes gélatineux brûlant les chairs dans l'eau; que le cycle tabou des Acapulquègnes expropriés. Tout recommence, *pardonnez-moi, mon Dieu, parce que j'ai péché.*

Que la voix de la gâchette criant: — *¡Hola! Étranger! Tiens ton rang, tiens-toi droit, tiens ta droite!* Que les marées fécondées par les dessins du ciel. Tout reprend, tout. L'écart et la marge, *au plus haut des cieux!*

Au plus bas du corps, du bout des pieds, parler! Du bout du monde, partir! Debout dans l'eau, écrire! Et ne plus jamais questionner le temps qu'il fait, qu'il faudra, qu'il aurait fallu pour se fourvoyer. Mais répondre à la voix qui transforme la vision de la Création du Monde:

— *Au commencement était la Parole, au commencement était Dieu.* Nulle autre réalité, que des mirages. Là se trouve le discours du Temple: une fois prononcé,

Il en est chassé à coups de pierres, à coups de hart, et les prêtres se chargent d'en effacer la Trace, au millimètre près,

À tour de rôle, et sans remords.

Sur le parvis s'affrontent des feux de paille.
— *Que dites-vous? Nous ne vous comprenons pas.*

Tel est le nom de ce lieu d'où s'élancent vers
le ciel des pierres incisées de signes impéné-
trables, et des syllabes placées en travers de la
piste.

Pendant que l'Inquisition ravage le sens des
mots. Mais quelle date sommes-nous? Par
quelle volonté de fer tournée dans quelle
plaie nous faisons-nous querelle, violemment
secoués jusqu'à ce que mort s'ensuive?

Quelle nouvelle Jérusalem édifier pour justi-
fier la cagoule et le placard, les électrodes et
la privation de sommeil? Par quelle névrose
permettre la torture? Pour calmer quelle
obsession ériger la Ville sainte sur une fosse
commune?

Oh! le Juste! Existe-t-il encore celui dont les
os pourrissent dans un tas de fumier, pris à la
gorge d'un cancer opaque et répétant ses lita-
nies, ses éloges à la poussière?

Quelle date sommes-nous, et *qui* parle?

Règnent un fil incassable que le Temps ne peut vaincre, un fer de lance à forger, une fibre incorruptible à tresser. L'ultime laisse blanche en prise sur le rivage, plus rien à craindre du large, plus rien à voir avec l'été.

Peut-être plus aucune raison de prier, onze années se sont écoulées, peut-être parce que le onzième jour du premier mois de la Nouvelle Année se disait de passage un pèlerin égaré, la pupille dilatée et l'accent de l'est coincé entre la langue et le palais.

Les glaces régnaient. L'appétit manquait. Dans la neige, dans le passé de la neige s'effaçait l'identité des passants.

À l'instant où s'ouvre l'œil et s'éveille la main, fuir! Un sourire en coin, ne pas laisser les glaces nourrir l'oubli!

S'avancer dans la blancheur du livre et montrer du doigt l'horizon: reconnaître à son geste le signal de vivre. L'appel de la distance. Le rappel de la lecture à l'aube.

En célébrer les contours, en vénérer l'éclat.

En tournant le dos aux accusations torves de ceux qui récrivent une histoire troublante, d'une encre malsaine et d'un mentir assuré, corroboré par tant de couillons, tenant en otage la multitude des mots et des sons.

Mais vraiment, venons-en maintenant au silence, car l'échafaud est sans appel, la faux levée haut par-dessus notre tête: au silence, avant d'en venir aux mains. Nos mains sont nues, nos mains sont propres et nues.

Par cette radieuse nudité, par la beauté de la côte alliée à celle de l'Océan, par la côte d'Adam et par le giron de la Très Sainte Première Femme, Ève, nous sommes escarpés d'esprit par les temps qui courent.

— *Mes lèvres,* disait-elle, *sont scellées, sont de sel et de salive scellées; le sable aussi les a saoulées de désir, tout s'y rend, toutes les jouissances de la terre et l'allant de l'homme nu sur le rivage.*

— *«Alors descendit le feu, alors descendit la corde, alors descendit la pierre avec l'arbre.»*

— Mais de la corde et du feu, de la pierre et de l'ar-
bre, c'est le règne de la corde qui s'acharne sur nous.
Mais moi, Ève, par Dieu, j'ai repris l'usage de la
Parole, par la bouche de mes Très Saintes Filles
Thamar, Rahab, Ruth et Bethsabée, et surtout par
la Très Vénérable Marie de Magdala.

— Par elles, je proclame ces mots: Croix du Sud,
Océan, Nativité, Pacífica. *Ensemble nous disons:*
aucun mirage, aucune illusion, nous renaîtrons
sans autre violence que le bris du vague à l'âme
sous le Soleil.

Et les hamacs dans l'air, les *lanchas* sur l'eau
sont pointés vers l'Orient, vers Byblos et Sīwa,
vers Damas et Jéricho, aussi vrai que ma chair
dépose le sel sur sa langue, aussi vrai que la
faille de San Andreas commence à mes pieds,

Au large de Zicatela, aussi vrai que j'entendrai
mon Appelant sur la scène du vaste théâtre
méso-américain.

À chacun d'exhiber son rôle, sa valse à deux
temps sous un chapiteau, devant le décor à
deux dimensions, à danser vers l'Orient,

Le Proche et l'Extrême, le début de la fin.

Le cinquième jour de l'année, vers la dix-septième heure, peut-être quand fut découverte la Ville Née du Ciel, il fit la rencontre du Conquérant des Murs, du Serpent d'Obsidienne et de Celui du Pays des Corbeaux.

Peu importent les énigmes: nommer le jour, le mois, l'année, nommer l'événement remonte à l'origine du geste de la main gravant des signes dans le sable, sur le roc, dans l'écorce: écrire, consacrer le Temps.

Écrire sur le linteau du Temple: *Dieu est Seul avec notre présence en Sa Mémoire.* Quand s'efface du scintillement du Monde la Joie. Quand s'endorment le cœur et le regard au moment des louanges.

Et jeter son nom par la fenêtre, pour laisser entrer le vent; un pas de côté, un pas par-devant, à plier le genou, jusqu'à se mettre à genoux pour chercher de l'eau.

Pour que les oiseaux se donnent rendez-vous à l'Orient, dans la Ville Oubliée du Ciel, à Beyrouth, près d'un rivage écorché par le tumulte des raz-de-marée.

Pour que règnent le son, la lettre et l'étoile.

Pour que se détendent les banderoles criardes, et pour que veille l'esprit large de bienveillance. Pour que plus jamais on n'assassine les enfants de ceux qui sont invités aux Noces de Qāna.

Exactement. Comme si on savait, à lui offrir la meilleure chaise, le meilleur repas. Comme si on ne voulait pas le détruire, comme si on devinait qu'il n'aura jamais le plaisir de porter un enfant sur l'épaule, et qui serait le sien,

Un enfant au regard plein de voiles parce que la nuit s'approfondit sur la place; un cœur prêt à se fendre sous la lune, prêt à se casser, tombé sur le parvis.

Pas un fils, pas une gamine sur l'épaule sous les feux d'artifice de la Sainte-Cécile. Pas lui, *el señor capitán, el marinero,* cheveux éventés, sourire ouvert comme l'horizon, aux bras rocheux d'avoir bercé tant de corps massifs dans la baie,

Pas lui, que fixent les yeux du verbe rire et du verbe pleurer, du verbe partir.

Sur l'épaule, une vague passante, et des lèvres à peine closes.

Et sur l'épaule un sens nouveau à la gloire du feu. Jusqu'à ce que la terre se remette à trembler. Et dans l'espoir d'ébranler les fondations du Temple, une dernière visite au rivage du Ciel. *La descente vers lui, Dieu! plus pénible que la montée vers Toi!*

À l'oreille sa voix lui revient chaque matin: — *J'aimerais t'embrasser...* Sa voix lui dit: — *Oublie le procès! Laisse aux autres le procès de l'homme, le décompte de ses bêtises. Raisonne-toi!*

— *Ni enfant ni amant autre que l'Appel des courants et des remous liquides.*

— *Au crépuscule du soir, quand la flamme des bougies vacille sous les icônes, à l'heure exacte du rêve éclos, offre ta gratitude, les fruits de ton bonheur, et les dépose sur l'autel; car sans le souffle, qu'est la vie?*

Il prend la fleur de l'hibiscus, l'étoile de Bethléem, l'encens du copal, et debout sans dire un mot défait la corde du pantalon. La pleine nuit vient, c'est l'Épiphanie.

Et dans l'obscurité brille intensément un couple fugitif. À *Pacífica*.

Le silence de la nuit sera long, ce millénaire, car il sera obsédant. Comment le déchiffrer sans en renverser le sens, et comment, surtout, sans appui, comment le nommer? Un songe accompli?

Oh! la beauté de Iago! la beauté de Judas! Sur les tempes, des cheveux blancs comme le nord, noirs comme l'ouest; et la langue rouge, à l'Orient, étalée dans l'amertume de la bouche!

Plus rien à répéter, sauf l'amorce d'un départ. Ils ont parlé d'un lieu que n'atteint pas la rumeur de l'isolement: *Pacífica*. Personne n'y est seul, et personne pour soupeser l'intimité entre nous de la grâce.

Une parole prophétique prononcée dans son sommeil, épelée distinctement sur le mur de la nef, et clamant: — *Revient le Feu au Festin de la Joie!* Si près du matin précieux quand, sur la chair assoupie, un filet de lumière s'attarde à ras les corps,

Et s'achemine paisiblement entre les doigts noués des dormeurs pétrifiés du privilège incertain qu'offre le sommeil, infatigable,

Aux rêveurs ensoleillés d'un Monde neuf.

Note

Dans *Pacífica,* les brefs passages *«en italique et entre guillemets»* sont extraits des *Prophéties du Chilam Balam, version et présentation de J. M. G. Le Clézio,* Paris, Gallimard, coll. «Le Chemin», 1976.

Table

AUTRES TITRES PARUS
DANS LA COLLECTION POÉSIE

Cet ouvrage composé en New Baskerville corps 12
a été achevé d'imprimer
le onze septembre mil neuf cent quatre-vingt-dix-sept
sur les presses numériques de Copiegraphie pro
pour le compte des
Éditions de l'Hexagone.

Imprimé au Québec (Canada)